FACULTÉ DE DROIT DE BORDEAUX

ÉTUDE HISTORIQUE & JURIDIQUE

SUR

L'INAMOVIBILITÉ

de la Magistrature

THÈSE POUR LE DOCTORAT

SOUTENUE LE 15 JUIN 1896

à deux heures et demie du soir

PAR

JEAN-LAURENT DEJEAN

Avocat à la Cour d'Appel

BORDEAUX

IMPRIMERIE GAGNEBIN

72, Rue du Pas-St-Georges, 72

1896

THÈSE

POUR LE DOCTORAT

FACULTÉ DE DROIT DE BORDEAUX

MM. BAUDRY-LACANTINERIE, ✻ ,◖ I., doyen, professeur de *Droit civil.*

SAIGNAT, ◖I., assesseur du doyen, professeur de *Droit civil.*

BARCKHAUSEN, O ✻, ◖ I., professeur de *Droit administratif.*

DE LOYNES, ◖ I. professeur de *Droit civil.*

VIGNEAUX, ◖ I., professeur d'*Histoire du droit.*

LE COQ, ✻, ◖ I., professeur de *Procédure civile.*

LEVILLAIN, ◖, I., professeur de *Droit commercial.*

MARANDOUT, ◖ I., professeur de *Droit criminel.*

DESPAGNET, ◖ I., professeur de *Droit international public,* chargé du cours de *Droit international privé.*

MONNIER, ◖ I., professeur de *Droit romain.*

DUGUIT, ◖ A., professeur de *Droit constitutionnel et administratif.*

SAINT-MARC, ◖, I., professeur d'*Économie politique,* chargé du cours de *Législation industrielle.*

DE BOECK, ◖ A., professeur de *Droit romain.*

DIDIER, ◖ A., professeur de *Droit maritime et de Législation industrielle* chargé du cours de *Législation financière, de Législation coloniale et d'Économie politique.*

MM. SIGUIER, ◖ A. *secrétaire.*

PLATON, ◖A., ancien élève de l'École des Hautes-Études, *sous-bibliothécaire.*

CAZADE, *commis au secrétariat.*

COMMISSION DE DE LA THÈSE

MM. DUGUIT, professeur, *président.*

VIGNEAUX, professeur.

LE COQ, professeur.

{ *suffragants.*

FACULTÉ DE DROIT DE BORDEAUX

ÉTUDE HISTORIQUE & JURIDIQUE

SUR

L'INAMOVIBILITÉ

de la Magistrature

THÈSE POUR LE DOCTORAT

SOUTENUE LE 15 JUIN 1896

à deux heures et demie du soir

PAR

Jean-Laurent DEJEAN

Avocat à la Cour d'Appel

BORDEAUX

IMPRIMERIE GAGNEBIN

72, Rue du Pas-St-Georges, 72

1896

BIBLIOGRAPHIE

DE BARANTE.—*Vie politique de Royer-Collard*,Paris,1861

BÉRENGER. — *De la Justice criminelle en France*, Paris, 1878.

BODIN. — *Six livres de la République*, Paris 1579.

BONCENNE. — *Théorie de la procédure civile*, 2me édit., Paris, 1837-1839.

BONFILS. — *Traité élémentaire d'organisation judiciaire et de procédare*, Paris 1883-84.

BONJEAN. — *Traité des Actions*, 2me édit., Paris 1845.

BOSCHERON DES PORTES. — *Histoire du parlement de Bordeaux*, Bordeaux 1878.

CARLIER. — *La République Américaine des État-Unis*, Paris 1890.

COMMINES. — *Mémoires*, Derez, Paris 1838.

DARESTE. — *Histoire de France*, Paris 1865.

DEMAZE. — *Le parlement de Paris*, 2me édit., Paris 1860.

DEPPING. — *Correspondance administrative sous le règne de Louis XIV*, Paris 1851.

DESJARDIN (Albert). — *Etude sur l'inamovibilité de la magistrature*, Paris 1880.

Duclos. — *Histoire de Louis XI*, Paris 1820.

Duguit (Léon). — *La séparation des pouvoirs et l'Assemblée nationale de 1789*, Paris 1893.

Des fonctions de l'état moderne, Paris 1894.

Favre (J.). — *Discours parlementaires*, Paris 1881.

La réforme judiciaire, Paris 1882.

Comte de Franqueville. — *Le système judiciaire de la grande Bretagne*, Paris 1893.

Garsonnet. — *Cours de procédure civile*, Paris 1882-94.

Guizot. — *Histoire de France*, Paris 1875-1876.

Henrion de Pansey. — *Œuvres judiciaires*, Paris s. d.

Hiver. — *Histoire critique des institutions judiciaires de la France*, Paris 1848.

L'Hopital. — *Œuvres complètes*, Boullaud, Paris 1824.

Jousserandot. — *Du pouvoir judiciaire et de son organisation en France*, Paris 1878.

Laboulaye. — *Histoire des États-Unis*, 5me édit., Paris 1870.

Laferrière. — *Constitutions d'Europe et d'Amérique*, Paris 1869.

Mably. — *Du gouvernement de la Pologne*, Paris 1794.

Michelet. — *Histoire de France*, nouvelle édit., Lacroix, Paris 1876.

Montesquieu. — *Esprit des lois*, Didot, Paris 1849.

Ninard. — *De l'inamovibilité de la magistrature*, Bordeaux 1884.

Pardessus. — *Essai historique sur l'organisation judiciaire*, Paris 1851.

Picot. — *Histoire des États généraux*, Paris 1872.

Rousseau (J.-J.). — *Contrat social*, Genève 1791.

Thierry (Aug.). — *Essai sur l'histoire de la formation et des progrès du tiers-état*, nouvelle édit., Paris 1867.

Thiers. — *Histoire du Consulat et de l'Empire*, édit., Paulin, Paris 1845-1874.

Weill. — *La magistrature inamovible et la Révolution de 1830*, Paris 1889.

RECUEILS & PÉRIODIQUES

Annales de l'Assemblée nationale 1871-1876, Paris 1871-1876.

Annuaire de législation étrangère, Paris 1871.

Archives parlementaires, Paris 1867.

DALLOZ. — *Jurisprudence générale.*

Répertoire méthodique et alphabétique de législation de doctrine et de jurisprudence, Paris 1846-1864.

Supplément au répertoire de doctrine, de législation et de jurisprudence, Paris 1887.

DUVERGIER. — *Lois et décret 1788-1895.*

FAUSTIN (Hélie). — *Les Constitution de la France*, Paris 1875-1879.

ISAMBERT. — *Recueil des anciennes lois françaises*, Paris 1821-1833.

Journal officiel.

LEBON, — *Recueil des arrêts du Conseil d'État*, Paris 1821.

LOYSEAU. — *Des offices, des Seigneuries*, nouvelle édition suivant la correction et augmentation de l'auteur, 1 vol. in-folio, Paris 1640.

Moniteur.

Ordonnances des Rois de France (de Laurière), Paris 1723-1849.

Revue de législation et de jurisprudence, 1835-1895.

SIREY. — *Lois annotées.*

TRIPIER. — *Constitutions françaises.* Paris 1849.

ÉTUDE HISTORIQUE & JURIDIQUE

SUR

L'INAMOVIBILITÉ

de la Magistrature

INTRODUCTION

I

Dans son sens le plus large, la mission du corps judiciaire est d'appliquer les lois qui touchent principalement et directement aux droits individuels, qu'il y ait ou non litige. Pour sauvegarder les droits du justiciable il est nécessaire de mettre la justice dans une situation telle que ses décisions ne soient que la stricte application de la loi générale au cas particulier qui lui est soumis ; il faut, en un mot, assurer l'impartialité des magistrats, et pour cela, donner à l'ordre judiciaire une indépendance aussi complète que possible. Tout le monde comprend cette nécessité, tout le monde est d'accord sur le principe, mais on se sépare dans l'application et chacun propose un moyen différent. Quelle que soit la diversité de ces systèmes, on peut en définitive les ranger dans trois catégories principales.

C'est d'abord l'élection des magistrats au suffrage universel à un ou à deux degrés ou au suffrage restreint par un corps électoral composé des membres de certaines corporations intéressées à une bonne distribution de la justice et compétentes pour apprécier le mérite des candidats et juger de leur instruction professionnelle ; les avocats, les avoués, les notaires formeraient le noyau de ce corps électoral. L'application du suffrage universel au choix des juges parait condamnée par l'expérience ; elle n'est même pas fondée en raison. L'invasion de la politique dans un domaine d'où elle doit rigoureusement être bannie, la subordination du juge à ses électeurs. très à redouter, surtout si l'on admet le suffrage à deux degrés, les choix certainement médiocres sinon mauvais auxquels on aboutirait, sont les meilleurs mais non les seuls arguments qu'on puisse faire valoir contre ce système qui semble à l'heure actuelle avoir peu de partisans. L'élection au suffrage restreint mérite peut-être encore davantage d'être critiquée. Comment composer le corps électoral, et ne doit-on pas craindre que plus le collège sera restreint, plus la subordination, la dépendance du magistrat vis-à-vis de ses électeurs sera étroite ? Mentionnons enfin un système proposé en 1871 par M. Arago et qui consistait à faire élire les juges de paix par les membres des tribunaux de première instance, ceux-ci par les membres des cours d'appel et ainsi de suite jusqu'à la cour de cassation qui aurait été élue par les chambres. Le projet de M. Arago fut repoussé.

On a proposé en second lieu de faire nommer les magistrats par les magistrats eux-mêmes au fur et à mesure des vacances de siège. En 1870 M. Martel déposa un projet dans ce sens. La plus grave objection qu'on puisse faire à ce système, objection qui à elle seule doit suffire à le faire rejeter c'est qu'il constituerait la magistrature en caste fermée et fonderait une véritable oligarchie judiciaire.

Reste la nomination des juges par le gouvernement avec la garantie de l'inamovibilité. Ce système a reçu la consécration d'une longue expérience. C'est en France, à l'heure actuelle, le mode de recrutement de la magistrature ; il est généralement pratiqué à l'étranger. Nous verrons au cours de cette étude, que ce fut là le principe de l'ancien régime. Supprimé par la révolution qui voulut faire de l'ordre judiciaire un pouvoir autonome émané directement du peuple par l'élection, il reparut avec la constitution de l'an VIII et s'est depuis maintenu sans interruption jusqu'à nos jours.

Si l'on confère au pouvoir exécutif le droit de choisir les juges que va-t-il arriver, et, n'est-il pas à craindre que la magistrature ne soit dans une dépendance trop étroite à l'égard du gouvernement, que le juge ne se fasse le serviteur trop dévoué, trop complaisant du pouvoir dont il tient sa place et qui peut la lui enlever ? Les droits les plus sacrés du justiciable seront donc toujours menacés, parfois sacrifiés ? Il en serait ainsi sans doute si la salutaire règle de l'inamovibilité ne venait restreindre dans des limites très étroites l'étendue de l'action du gouvernement envers les magistrats, et lui oter le pouvoir arbitraire de révocation, de telle sorte que le gouvernement, lorsqu'il a nommé un magistrat, se trouve pour ainsi dire lié par son choix, et désarmé autant qu'il est nécessaire pour rassurer le justiciable sur l'impartialité de son juge.

Tels sont les trois systèmes principaux proposés pour le recrutement du corps judiciaire. Si maintenant nous cherchons à les rattacher à un principe d'ordre plus élevé, nous voyons que les deux premiers, l'élection et la cooptation, dérivent de cette idée que l'autorité judiciaire constitue un pouvoir propre et indépendant, un troisième pouvoir de l'état distinct du législatif et de l'exécutif.

Dans cette théorie peut-on parler d'inamovibilité au sens propre de ce mot ? Non, à notre avis, et pour une raison bien simple, c'est que l'inamovibilité est en définitive une restriction au droit de révoquer. Or, le magistrat élu par le suffrage de ses concitoyens, le magistrat choisi par ses collègues ne pourra aucunement être révoqué par le gouvernement; ce serait la négation même de la séparation et des droits des électeurs. Sans doute il conservera son siège indépendamment et même contre le gré du gouvernement, mais ce ne sera pas parce qu'il est inamovible, ce sera parce-qu'il est le représentant d'un pouvoir distinct, aussi puissant dans sa sphère que le législatif et l'exécutif, et non le délégué du gouvernement. N'ayant pas le droit de le nommer celui-ci ne saurait avoir le droit de le révoquer.

L'inamovibilité proprement dite n'existe donc que dans le système de nomination des magistrats par le gouvernement. Même dans cette hypothèse, de bons auteurs soutiennent que l'ordre judiciaire constitue néanmoins un pouvoir autonome. Dans cette opinion, l'inamovibilité est certainement une règle constitutionnelle parce qu'elle est alors la condition indispensable de la séparation de l'exécutif et du judiciaire. Nous admettons au contraire, et nous le démontrerons plus loin, que dans l'état actuel de notre droit public, l'ordre judiciaire n'est qu'une simple autorité placée sous la dépendance du pouvoir exécutif, que par conséquent, l'inamovibilité, ne se rattachant pas au principe constitutionnel de la séparation des pouvoirs, est une pure règle législative, une simple restriction apportée par le législateur dans l'intérêt des justiciables aux droits du pouvoir exécutif.

Nous croyons donc que cette règle, dont l'utilité pratique ne saurait être contestée, doit être maintenue dans nos lois; qu'il faut même la fortifier et en étendre l'application à certaines catégories de magistrats auxquels elle ne s'applique pas aujourd'hui.

II

Il nous faut examiner maintenant en quoi consiste l'inamovibilité. Pour ne pas partir d'une
définition à *priori*, nous allons tout d'abord rechercher qu'elles sont les garanties qui résultent
en fait de l'inamovibilité pour les magistrats qui en
jouissent. En premier lieu, et c'est là l'application
la plus nette de notre principe, le magistrat inamovible n'est pas soumis à l'arbitraire du gouvernement et ne peut être révoqué de ses fonctions
comme la plupart des autres fonctionnaires. Le pouvoir exécutif ne peut pas, même en s'appuyant sur
d'excellentes raisons telles que l'indignité ou l'in-
firmité d'un juge, lui retirer sa place par la voic
d'un simple décret. Alors qu'il suffit en France
d'un décret du président de la République pour
nommer un citoyen aux plus hauts postes de
la magistrature, ce même acte est impuissant à
retirer l'investiture ainsi donnée. Cette situation se
retrouve au surplus analogue pour d'autres catégories de personnes tout à fait étrangères à la magistrature, comme les professeurs des Facultés et les
officiers des armées de terre et de mer considérés
comme propriétaires de leur chaire et de leur

grade, et ne pouvant les perdre que suivant une procédure déterminée.

De ce que le magistrat ne peut pas être arbitrairement privé de ses fonctions il faut également conclure qu'il ne peut pas être mis d'office à la retraite. Entre la révocation pure et simple et la mise d'office à la retraite, il n'y a au fond aucune différence essentielle. Sans doute le magistrat retraité reçoit une compensation, mais c'est exclusivement la représentation de ses services rendus et ·l'équivalent pécuniaire des retenues subies sur son traitement.

Une autre application importante, quoique moins connue, de l'inamovibilité consiste en ce que le magistrat qui en est revêtu ne peut être forcé d'abandonner son siège pour un autre inférieur ou équivalent ou même supérieur. Il y aurait là, on le conçoit, un moyen détourné de contrainte envers le juge, l'avancement pouvant lui-même n'être qu'apparent. Ainsi, il est incontestable que la situation de conseiller d'une cour d'appel est inférieure, en fait, sinon en droit, à celle du président du tribunal de la Seine. D'ailleurs, s'il était permis au gouvernement de modifier à son gré par voie de permutation la composition d'un tribunal ou d'une cour, il pourrait arriver que cette juridiction se trouvât composée de magistrats choisis tout exprès pour juger un procès déterminé, ce qui en ferait un véritable tribunal politique, et détruirait les garanties d'impartialité et d'indépendance que le justiciable doit trouver dans le tribunal devant lequel il est appelé à débattre ses droits. Ainsi donc le juge ne doit pas pouvoir être contraint à changer de poste, alors

même que sa résidence ne subirait pas de changement. On ne pourrait pas, par exemple, sans
son agrément, investir du rang de conseiller à
la cour d'appel un membre du tribunal de première instance de la même ville, ni même, à notre
avis, nommer juge titulaire auprès de son propre
tribunal un juge suppléant du siège. Comme nous
le verrons plus loin, l'inamovibilité n'est pas une
garantie d'impunité pour le magistrat, et les principes que nous venons de poser fléchissent devant
des motifs d'ordre supérieur. Ce qu'il .importe de
retenir, c'est que l'inamovibilité protège le juge non
contre ses fautes, mais plutôt contre sa faiblesse,
c'est-à-dire contre la crainte que peut lui inspirer
l'action du pouvoir gouvernemental. Sans doute
le juge peut-être révoqué et il doit l'être dans certains cas, sans doute il peut être déplacé, mais
cette révocation, ce déplacement, seront l'objet
d'un débat contradictoire suivant des formes de
procédure réglées à l'avance, et proviendront en
définitive d'un véritable jugement rendu par une
juridiction régulière.

Nous croyons maintenant pouvoir donner de
l'inamovibilité, telle qu'elle existe dans notre droit
actuel, la définition suivante : L'inamovibilité est
la règle en vertu de laquelle un magistrat régulièrement nommé ne peut être destitué ou déplacé
que dans les cas et sous les conditions déterminées par la loi.

L'inamovibilité n'implique pas d'ailleurs la perpétuité de la fonction. Par cela seul qu'il est assuré de ne pouvoir être dépossédé de la fonction
qu'il occupe avant le temps où elle doit régulière-

ment prendre fin, le juge est inamovible. En France les magistrats sont inamovibles malgré la limite d'âge établie par le décret du 1er mars 1852. La fixation de cette limite est d'ailleurs en soi une chose fort rationnelle.

Au cours de cette étude, nous aurons fréquemment l'occasion d'employer les mots juges, magistrats. Disons, une fois pour toutes, qu'ils sont pris ici dans un sens restreint et ne désignent que les membres des tribunaux d'arrondissement, des cours d'appel et de la cour de cassation. Les juges de paix, parcequ'aucune condition spéciale d'aptitude n'est exigée pour leur nomination et qu'il faut laisser au gouvernement la possibilité de réparer les mauvais choix, les juges de commerce, parce qu'ils sont élus, les conseillers d'état et de préfecture restent en dehors de notre énumération parce que, à leur égard, la règle de l'inamovibilité ne reçoit pas d'application.

Après avoir constaté que notre principe, proclamé sous l'ancien régime et restreint alors à la durée d'un seul règne avant l'introduction de la vénalité et de l'hérédité des offices de judicature, disparut pendant la Révolution par suite de l'adoption de la théorie des trois pouvoirs et de l'autonomie du corps judiciaire, nous le retrouverons consacré par la Constitution de l'an VIII à l'époque où l'autorité judiciaire cesse d'être un pouvoir propre pour redevenir une branche de la fonction exécutive. Les gouvernements du Premier Empire et de la Restauration, tout en reconnaissant l'inamovibilité, respectèrent mal cette règle et les destitutions de magistrats furent fréquentes à cette époque. La monarchie de 1830 apporta plus de scrupules à son observation et la légua à la République de 1848, qui, après l'avoir un instant méconnue, la consacra dans la Constitution. Imitant les errements du passé, le gouvernement du Second Empire méconnut souvent le principe dans l'application et destitua plusieurs magistrats au mépris de leur inamovibilité. En 1871, le gouvernement de la Défense Nationale révoque quinze magistrats qui avaient siégé dans les commissions mixtes, mais cette mesure est rapportée comme contraire à la règle de la séparation des pouvoirs et de l'inamovibilité de la magistrature.

De 1871 à 1883 de nombreux projets de réforme judiciaire sont portés sans succès devant les Chambres. Enfin la loi du 30 août 1883, en édictant une nouvelle épuration de la magistrature, est venue modifier et compléter sur plusieurs points notre organisation judiciaire.

Telle est, à grands traits, l'histoire de notre principe. Après l'avoir esquissée, nous nous attacherons à rechercher ce qu'est l'inamovibilité à l'heure actuelle, quelle est sa nature et sa raison d'être, quels en sont les effets et quelles applications elle reçoit chez les différents peuples qui l'ont admise.

CHAPITRE PREMIER.

ANCIEN DROIT. PREMIÈRE PÉRIODE; JUSQU'AU
XVIme SIÈCLE.

§ I.

C'est à Louis XI qu'on fait en général remonter l'origine de la règle dont nous abordons l'étude. Tel n'est pas tout à fait notre sentiment. Il faut remonter plus haut pour trouver l'origine première de l'inamovibilité. Nous croyons que cette règle fut une conséquence médiate mais certaine de la substitution des légistes aux seigneurs dans le Parlement issu par une lente et insensible progression de la cour féodale du roi.

Cette cour avait eu dès le début des attributions judiciaires restreintes aux domaines du roi. Ces attributions s'étendirent à mesure que grandissait et s'affermissait le pouvoir royal. Bientôt par suite du nombre toujours croissant des affaires, par suite de l'infinie variété des coutumes locales et de l'application très délicate des règles du droit romain, si différentes de celles du droit féodal que seules jusque-là le Parlement avait eues à appliquer, les seigneurs qui le composaient sentirent le besoin de s'entourer d'auxiliaires capables de préparer et d'éclairer leurs sentences. Les légistes entrèrent ainsi peu à peu au Parlement. Choisis d'abord par la cour elle-même, ils ne pouvaient donner leur avis sur les affaires qui leur étaient soumises, que lorsqu'ils en étaient priés ; c'était la cour qui statuait. Mais en fait les véritables juges étaient les légistes dont l'influence croissait de jour en jour, tandis que s'effaçait de plus en plus le rôle autrefois prépondérant des seigneurs. Insensiblement le vide se fit dans la chambre aux plaids, les seigneurs se contentant d'assister aux réunions politiques (*curia solemnis, parlamentum*). Le roi dut alors dresser pour chaque session judiciaire une liste de service, liste mixte où figuraient, à côté de quelques seigneurs choisis par le roi, des légistes devenus membres de la cour. Les juges du Parlement sont désormais des fonctionnaires royaux, la judicature n'est plus une charge, [un *munus publicum*, c'est une fonction.

Vers le milieu de son règne Philippe-le-Bel procéda à une épuration de son Parlement ; après quoi, il octroya l'inamovibilité à certains magistrats personnellement. Loyseau nous l'apprend en ces termes : « Le premier roy qui rendit en France

les officiers perpétuels et non destituables fut Philippe-le-Bel qui, en l'an 1302, après une recherche
et réformation générale, destitua ceux qui avaient
malversé et confirma les autres en leurs offices,
ordonnant qu'ils ne pourraient être destituez » (1).
L'ordonnance dont parle Loyseau s'exprime ainsi :
(8) « Il est ordené que il soient résidens au Parlement *continuement*, espécialement en la chambre
des Plez li chevaliers et li laïs qui s'ensuivent »
(au nombre de 19).

(9) « Il est ordené que il soient résidens au Parlement continuement espécialement en la chambre
des Plez li clercs qui s'ensuivent (au nombre
de 17) ». (2). Ce n'est là, il faut bien le reconnaître,
qu'un privilège accordé à certains officiers en ré-
compense des services rendus, une faveur purement individuelle qui n'engage point l'avenir. Il
serait certainement erroné de faire remonter à
l'ordonnance de 1302 la consécration de la règle
de l'inamovibilité, mais rappelons-nous que nous
traitons ici une question d'origine, que nous re-
cherchons la genèse d'un principe, et à cet égard,
cette disposition nous paraît significative. C'est le
fait particulier d'où se dégagera peu à peu la règle
générale ; c'est le précédent sur lequel s'appuie-
ront pour la poser un peu plus tard Philippe de
Valois et Louis XI.

Tout le fruit des sages réformes de Philippe-le-
Bel fut un instant compromis par l'impéritie et la
faiblesse de Louis X son successeur. A sa mort,

---

(1) Loyseau, *Off.* liv. Ier, chap. 3, n° 96.
(2) Isambert, t. II, p. 791.

une réaction eut lieu, et les seigneurs momentané-
ment réduits à l'impuissance relevèrent la tête
Les légistes, conseillers et auxiliaires du pouvoir
royal qu'ils avaient aidé à fonder et à maintenir,
furent chassés de leurs postes ou conduits au sup-
plice.Cette réaction, il est vrai, fut de courte durée.
Philippe-le-Long, dès son avènement, fit rentrer
les légistes dans le Parlement dont il compléta
l'organisation. A la même époque, le nombre des
affaires devenant toujours plus considérable, on
dut prolonger les sessions et de périodique le Parlement devint permanent.

Les légistes sentirent plus que jamais la nécessité d'affermir le pouvoir royal trop faible — l'expérience venait de le leur démontrer — pour protéger ses serviteurs contre la tyrannie d'une faction;
ils cherchèrent aussi à se prémunir contre les
destitutions qui les menaçaient à chaque instant.

Telles étaient sans doute les tendances quand
Philippe-de-Valois monta sur le trône. Au milieu
des menaces que les prétentions du roi d'Angleterre à la couronne de France commençaient à
accumuler autour de lui, le roi sentit la nécessité
de s'appuyer sur l'autorité sans cesse grandissante
du Parlement. Il fallait payer cet appui. Dans deux
ordonnances datées, la première du 17 mars 1337,
(1). et la seconde du 9 juillet 1341, il déclare que
« pour eschiver les granz inconvéniez qui s'estoient ensui ou temps passé et encores s'ensuioient
chaque jour », il ne donnerait plus désormais au-

---

(1) On ne connait cette ordonnance que par celle du 9 juillet
1341.

cun office ou bénéfice « si il ne vaquoit de fait » (1).

L'ordonnance du 11 mars 1344 vint confirmer les précédentes. Il ne sera pas inutile d'en citer ici quelques passages :

" A nos aimez et feaulz les gens tenanz nostre Parlement à Paris.

" Ly Roys en son grand conseil, par bonne et meure déliberation, a ordéné..... que pour gouverner sa justice capital, c'est-à-sçavoir son parlement, seront en son dit parlement, prenanz gaiges accoustumez quinze clercs et quinze laïs, outre les trois présidens, qui ont gaiges séparez et autres que les dessus-diz, et sans ceux, à qui ly Roys a donné leurs gaiges à vie. "

" Et...... les personnes cy-dessous nommées, sont Esleus à demourer, pour exercer et continuer les diz Estaz aux charges accoustumez " Plus loin il est dit " Les dessus diz au nombre demoureront continuellement ou dit parlement, pour faire leur office, et ne s'en partiront durant le parlement ce se n'est par la licence du parlement. " (2).

Voici donc pour la première fois, la règle de l'inamovibilité posée en termes clairs et déjà assez généraux. Louis XI dans sa célèbre ordonnance de 1467 ne fera que la mettre mieux en lumière. Il n'y a entre ces deux actes qu'une légère différence de point devue. Tandis que Philippe de Valois se borne à déclarer que les membres de son parlement jouiront désormais de l'inamovibilité, Louis

---

(1) *Ordonnances des Rois de France* recueil de DE LAURIÈRE, II, pp. 120 et 166.

(2) *Ordonnances* II, 219 et suiv.

XI paraît surtout s'attacher à nous présenter cette règle comme une exception, une restriction au pouvoir absolu du roi.

Mais à cette époque et même beaucoup plus tard l'inamovibilité n'est que relative, limitée dans sa durée à la durée de la vie du souverain " les concessions, dit Loyseau, n'avaient plus de valeur aussitôt que le roi qui les avait faites était décédé ". (1) A chaque changement de règne le parlement est réputé dissous, car le juge ne représente plus le monarque défunt; ses pouvoirs ont expiré avec le règne même, et il faut qu'ils soient renouvelés pour qu'il puisse recommencer à juger. Telle est la raison d'être des lettres de confirmation que les rois avaient coutume d'envoyer à tous les officiers en charge lors de leur avénement. C'est un caractère particulier de l'inamovibilité à notre époque. caractère qui persistera longtemps encore jusqu'à ce que la vénalité et l'hérédité l'ait peu à peu effacé; mais nous en retrouverons la trace jusqu'aux derniers jours de la monarchie.

Les princes qui suivirent confirmèrent dès le début de leur règne les officiers du parlement, et les maintinrent dans leurs offices. Mais Charles VI, cédant à la pression de l'opinion publique qui ne voyait dans la concession des charges à vie que le côté fiscal, que la crainte d'impôts toujours plus lourds à payer, et des faveurs distribuées aveuglément, supprima " tous octroys et, graces à ceulx fais de leurs dis gaiges à vie " (2) Deux

---

(1) LOYSEAU. *Traité des Seigneuries* chap. XVI n° 92.
(2) *Ordonnances des Rois de France.*Ordonnance du 7 Janvier 1407. Art. 20 IX, p. 286.

ordonnances vinrent restreindre l'effet de cette mesure. La première et la plus significative, celle du 13 Décembre 1408 dispose " que tous nos conseillers en notre dit parlement (de Paris) et qui nous y ont servi l'espace de vingt ans et au-dessus, et auxquels par nos autres lettres, nous avons par ci-devant octroyé avoir et prendre leurs dis gages à leurs vies, les aient et prennent dorénavent ainsi et par la forme et manière qu'ils faisaient paravant les dites ordonnances et nonobstant icelles ". (2)

II

Une autre réforme qui date de cette époque et qui ne contribua pas peu à assurer l'indépendance des juges vis-à-vis du pouvoir royal, et l'autonomie du parlement, fut le droit conféré à ce corps judiciairede se recruter lui-même par les ordonnances du 5 Février 1338 et du 7 Janvier 1400. Cette dernière porte : " (18) item : que dorénavant quand les lieux de résidens (ou présidens) et des autres gens de nostre parlement vacqueront, ceux qui y seront mis soient pris et mis par éleccion, et que nostre dit Chancelier aille en sa personne en nostre court de nostre dit parlement, en la présence duquel y soit faicte la dicte éleccion, et y soient prinses bonnes

---

(2) *Ordonnances des Rois de France.* Ordonnance du 13 décembre 1408 T. IX. p. 400.

personnes, sages, lettrées, expertes et notables
selon les lieux où ilz seront mis, afin qu'il y soit
pourveu de telles personnes comme il appartient
à tel siège, et sans aucune faveur ou acception de
personnes et aussi que entre les autres, l'en y
mette de nobles personnes qui seront à ce souf-
fisans, et samblablement, que l'en y en mette, se
faire se peut, de tous les pays de nostre royaume,
pour ce que les coustumes des lieux sont diverses,
afin que de chascun pays ait Gens en nostre dicte
Court qui cognoissent les coustumes des Lieux,
et y soient expers " (1).

Lorsque le parlement avait désigné au chancelier un candidat, le roi ne pouvait pas lui refuser
l'investiture ; la délivrance des provisions était
obligatoire. L'autorité judiciaire devenait ainsi in-
dépendante du pouvoir royal, son autonomie était
fondée.

Malgré un assez grand nombre d'avantages ce
système était profondément vicieux; il devait en-
gendrer cette série de conflits juridiquement insolu-
bles qui ne cessèrent que quatre siècles plus tard
à la chute de la royauté ; il avait l'inconvénient
d'encourager le népotisme ; c'est lui qui a en partie
fondé la vénalité des offices de judicature.

Mais la royauté ne se fit pas scrupule de violer
presque aussitôt les règles qu'elle venait d'édicter.
Dans les premières années du quinzième siècle,
sur cinquante cinq magistrats qui entrèrent au
parlement, plus de quinze ne durent leur nomination qu'à la faveur et à l'intrigue ; pour quelques

---

(1) *Ordonnances des Rois de France.* VIII, p. 416.

uns le roi, appuyant lui-même leur candidature, força la main au parlement ; pour d'autres il procéda à la nomination sans tenir compte des résultats défavorables du vote ; enfin il poussa le peu de respect des formes jusqu'à nommer un conseiller sans avoir même consulté la cour.

Partagé entre les factions rivales des Bourguignons et des Armagnacs tour à tour maîtres de la capitale, le pays était en proie à l'anarchie. Charles VI eût recours au moyen suprême ; il convoqua les états-généraux. Les députés se réunirent le 30 janvier 1412 à l'Hôtel Saint-Paul. Parmi leurs nombreuses doléances les plus vives ont trait à l'administration de la justice ; l'incapacité des officiers de justice est le principal grief qu'ils articulent. Aussi, en terminant un magnifique discours, Eustache de Pavilly, orateur de l'Université, demande qu'on procède à une épuration du parlement.

Le roi et son conseil approuvèrent cette idée, et une commission fut chargée de rechercher, pour les éliminer, les membres trop jeunes ou incapables.

Cela résulte de la grande ordonnance du 25 Mai 1413 qui ne comprend pas moins de 258 articles. Cette ordonnance, connue sous le nom d'ordonnance cabochienne, n'a jamais été appliquée ; le roi lui-même la lacéra.

L'article 156 nous fait connaître que beaucoup de conseillers peu scrupuleux, une fois pourvus de gages à vie, acceptaient des commissions extraordinaires, sans se préoccuper davantage de remplir leurs fonctions. Aussi l'ordonnance

subordonne-t-elle la concession des gages à vie
à trente années de service régulier ; et quant aux
conseillers déjà pourvus de tels gages, la concession leur est retirée, s'ils ont moins de vingt
ans de services. L'ordonnance de 1413 posait
aussi à nouveau les règles de la nomination des
officiers de justice.

Maîtres de la capitale, les Armagnacs, après
avoir renversé de leur siège les magistrats qu'ils
trouvèrent en place, firent procéder à une nouvelle élection. Mais peu après, un nouveau parlement composé des créatures du duc de Bourgogne
remplaça le précédent. A la mort de Charles VI,
le roi d'Angleterre, invoquant le honteux traité
de Troyes qui lui donnait la couronne de France,
envoya à ce prétendu parlement des lettres de
confirmation, tandis que siégeait à Poitiers auprès
du Dauphin, véritable roi de France, le véritable
parlement. Rentré dans Paris après l'expulsion
des Anglais, Charles VII procéda à une épuration
générale des officiers de justice et retira au parlement le droit de se recruter lui-même. Mais,
revenant bientôt sur cette décision, il décréta
que désormais le vote du parlement désignerait
au roi trois candidats entre lesquels celui-ci
choisirait. (1)

---

(1) Ordonnance de Montils les Tours 28 Octobre 1446 —
LOYSEAU Liv. 1er, Chap. III, N° 40

III

Le premier soin de Louis XI en montant sur le trône, fut de se débarasser des serviteurs de son père qu'il haïssait ; de nombreuses destitutions frappèrent les officiers en place et en particulier les magistrats : le premier président de Toulouse Pierre Varnier, le procureur général au même parlement Pierre Ligame, le chancelier de Charles VII Juvenal des Ursins lui-même, furent atteints par la révocation, (2) sans parler d'une foule d'autres hauts fonctionnaires, membres du Parlement et de la Chambre des Comptes, baillis, sénéchaux, juge d'épée, etc.

C'était, il est vrai, un droit incontestable pour le nouveau monarque de renouveler à son avènement le personnel administratif et judiciaire du royaume. Mais tant d'intérêts lésés exaspérèrent les esprits déjà mal disposés par les tendances réformatrices qu'afficha Louis XI dès le début de son règne. « Ces actes arbitraires, dit Henrion de Pansey, firent une fou'e de mécontents, jetèrent

---

(2) Les chanceliers de France d'abord révocables à volonté, comme tous les grands officiers de la maison du roi, n'ont joui du privilège de l'inamovibilité que vers la fin du XV° siècle, vraisemblablement par suite de l'édit de 1467 qui conféra ce privilège à tous les magistrats (HENRION DE PANSEY, *de l'autorité judiciaire*)·

l'effroi dans tous les esprits, et il se forma une de ces conspirations sourdes qui échappent aux coups comme aux recherches de l'autorité, parce qu'on ne voit ni agitateurs, ni points de ré- union, ni signe de ralliement, mais qui n'en sont pas moins dangereuses, car il ne faut qu'un chef à des mécontents pour devenir des factieux. Ces chefs ne se firent pas longtemps désirer. On les trouva dans ces grands du royaume que Louis XI entreprit de faire plier sous son autorité. Autour d'eux, comme dans un foyer commun, se réunirent tous les éléments de sédition. » (1)

Le traité de Conflans qui mettait fin à la guerre, laissait Louis XI dans une situation pleine de périls ; les seigneurs révoltés menaçaient d'ap- peler les Anglais sur le continent. Le roi con- voqua les députés des trois ordres qui se réunirent à Tours le 6 Avril. Les États n'eurent qu'une voix pour proclamer l'unité et l'indivisibilité du royau- me ; ils promirent « de servir et aider le roi... et de vivre et de mourir avec lui en cette querelle. » (2)

Louis XI en retour promit des réformes. Des commissaires nommés par les députés furent chargés de préparer les ordonnances. On ignore si le célèbre édit du 21 Octobre 1467 dont il nous reste à parler est sorti de leurs mains.

Il nous paraît indispensable de transcrire ici la majeure partie de cet acte qui constitue avec celui du 21 septembre 1482, suivant l'expression de M.

(1) HENRION DE PANSEY, de l'Autorité judiciaire t. I, ch. 9, p. 230.

(2) ISAMBERT X p. 558.

A. Desjardins, « les titres authentiques de l'ma-
movibilité en France. »

*Lettres touchant l'inamovibilité
des offices royaux* (1)

« Loys, par la grâce de Dieu, Roy de France,
à tous ceulx que ces présentes lettres verront,
salut.

« Comme depuis nostre avénement à la Couronne, plusieurs mutations ayent este faictes en
noz offices, laquelle chose est en la plus part ad-
venue à la poursuite et subjection d'aucuns, et
nous non advertiz duement ; par quoy, ainsy que
entendu avons et bien cognoissons estre vrais-
semblable, plusieurs de nos officiers, doubtant
cheoir au dict inconvénient de mutation et de destitution, n'ont pas tel zéle et ferveur à nostre
service qu'ilz auroient se n'estoit la dicte doubte ;
scavoir faisons que nous, considérant que en noz
officiers consiste, soubz nostre auctorité, la direc-
tion des faicts par les quelz est policée et entre-
tenue la chose publique de nostre royaume, et que
d'icelluy ilz sont les ministres essentiaulx, comme
membre du corps dont nous sommes le chief ;
voulant extirper d'eulx icelle doubte et pourvcoir à
leur seureté en nostre dict service, tellement qu'ilz
ayent cause de y faire et persévérer ainsy qu'ilz
doivent.

« Statuons et ordonnons par ces présentes, que
désormais nous ne donnerons aucun de noz offices,
s'il n'est vaquant par mort ou par résignation faicte

(1) *Ordonnances des Rois de France*, XVII. P. 25.

de bon gré et consentement du résignant, dont il apperre duement, ou par forfaicture préalablement jugée et déclarée judiciairement et selon les termes de justice, par juge compétant, et dont il apperra semblablement ; et s'il advient que, par inadvertance, importunité de requérans ou autrement, nous façions le contraire, nous, dès maintenant pour lors, le révocquons et adnullons, et voulons que aucunes lectures n'en soient faictes ne expédiées, et si faictes estoient, que à icelles ne à quelxconques autres que l'on pourroit sur ce obtenir de nous, aucune foy ne soit adjoustée, ne que pour ce aucun soit destitué de son office ne inquiesté en icelluy. »

Les termes de cette ordonnance et les événements historiques qui l'ont motivée nous révèlent le but de Louis XI. Rassurer les magistrats contre la crainte des révocations arbitraires, se les attacher par le lien de la reconnaissance, pourvoir à une meilleure distribution de la justice en stimulant le zèle des bons fonctionnaires, enfin et surtout peut-être, mettre à l'abri de nouveaux dangers sa couronne et sa vie, en s'interdisant le droit de révoquer à son gré ses officiers, tels furent les motifs qui dictèrent, ce nous semble, les dispositions de l'édit d'octobre 1467. Cette ordonnance semble avoir été faite par le roi pour se lier les mains et restreindre sur un point sa puissance absolue dont il se sentait sans doute de fortes tentations d'abuser. Jusque-là, et malgré les ordonnances de Philippe-le-Bel et de Philippe-de-Valois que nous avons citées plus haut, le droit de révocation était absolu comme en témoigne la clause « tant qu'il nous plaira », qu'on insérait dans toutes les provisions d'offices. L'ordonnance de Louis XI, renouvelant en les précisant les dispositions de celles de ses prédécesseurs touchant l'inamovibilité des offices de justice, fonda définitivement la règle nouvelle.

On y aperçoit mieux les effets de la garantie donnée aux magistrats, de conserver leur vie durant leur office, et la restriction que l'inamovibilité apporte aux droits souverains du roi y est mise en pleine lumière. C'est ce qui est cause, l'acte de 1467 l'emportant en précision et en généralité sur les précédents, qu'on fait remonter à Louis XI l'origine de l'inamovibilité. Pour nous, cet acte n'est que la consécration nouvelle, la formule plus nette d'un principe déjà établi quoique perpétuellement violé. L'inamovibilité est maintenant définitivement fondée. Toutefois la clause « tant qu'il nous plaira » subsistera longtemps encore dans les provisions d'offices comme un souvenir du passé, tant il est vrai, dit Loyseau, que « nous sommes plus curieux de retenir les vaines coutumes et formalitez inutiles de l'antiquité, que de garder les bonnes loix. » (1).

Il arriva quelquefois à Louis XI de méconnaître le principe de l'inamovibilité et plus souvent encore d'être tenté de le faire ; nous n'en voulons d'autre preuve que les évènements qui suivirent le procès du duc de Nemours et la lettre que le roi adressa à ce sujet au Parlement.

---

(1) LOYSEAU, *Offices*, liv. I··, chap. 3, n° 110.

Le bâtard d'Armagnac, duc de Nemours, ami d'enfance de Louis XI, oubliant les bienfaits qu'il en avait reçu, s'était deux fois mêlé à des complots tramés contre sa vie. Le roi avait fait grâce à la première, mais il fut inexorable à la seconde. La cause fut instruite par le Parlement de Paris qui s'adjoignit des commissaires ; Nemours fut condamné à mort et exécuté aux Halles et ses biens partagés entre les commissaires. (1). Mais trois conseillers qui n'avaient pas voté la mort du duc furent cassés. Le Parlement crut devoir faire au roi des remontrances que celui-ci accueillit mal. Voici la réponse qu'il envoya à la cour : « Je pensais, vu que vous êtes des sujets de la couronne de France et y devez votre loyauté, et que vous ne voulussiez approuver que l'on fît si bon marché de ma peau, et parce que je vois par vos lettres que si faites, je connais maintenant qu'il y a encore qui volontiers seroient machineurs contre ma personne ; et afin d'eulx garantir de la punition, ils veulent abolir l'horrible peine qui y est ; par qui sera bon que je mecte remède à deux choses : la première, expurger la cour de tels gens ; la seconde, faire ténir le statut que ja une fois j'en ay fait, que nul en ça ne puisse alleger les peines du crime de lèze-majesté ». Ces basses et violentes paroles, dit Michelet, sont un cri arraché, un aveu de l'état de son esprit. Le Parlement intimidé cessa de protester. (2).

---

(1) L'historien Commines qui était du nombre, eut sa part de ces tristes dépouilles. (Confér. ISAMBERT).

(2) L'HOSPITAL (*Traité de la réformation de la Justice*), dit au contraire que, sans s'émouvoir des menaces du roi, la cour lui

Pressentant une fin prochaine le roi se rendit auprès du dauphin à Amboise; là, après lui avoir adressé ses instructions par écrit, instructions qui furent enregistrées au Parlement le 21 septembre 1382, il lui fit jurer de les garder fidèlement. Instruit par les fautes commises au début de son règne et le grand danger qu'il avait couru pour le nombre excessif de révocations qu'il avait faites, le roi lui recommandait entre autres choses de confirmer dans leurs charges tous les officiers, de n'en destituer aucun à moins qu'il ne fut judiciairement convaincu de prévarication. « Et combien, dit Bodin, qu'il ne put lier les mains à son successeur, si est-ce toutefois que l'ordonnance a été depuis gardée inviolablement. » (1)

§ IV

Les États généraux réunis à Tours en 1484 se déclarèrent nettement en faveur de l'inamovibilité. Les cahiers portaient, en effet : « Parce qu'il n'est rien qui tant excite un officier ou serviteur à bien

envoya une députation chargée de lui faire de nouvelles remontrances. Le discours du premier président de la Vacquerie eut au dire de l'Hospital, le don de ramener le roi au sens d'une plus stricte équité. Mais ces faits sont contestés par Duclos (*Hist. de Louis XI*). Michelet dit : « Cette bravoure des parlementaires n'est pas bien sûre ».

(1) BODIN, *de la République*, liv. IV, chap. 4

loyaument et diligemment servir que d'être assuré de son état et de sa vie en bien et loyaument servir son maître et exerçant son office,
semble aux dits états être bien raisonnable, chose
que, en suivant les ordonnances royaux sur ce
faites, un officier royal en bien exerçant son office,
soit assuré de l'état de sa vie et d'être continué en
icellui, et, s'il ne fait faute, il ne doit être privé ne
débouté et n'en doit être désapointé sans cause
résonnable, lui sur ce ouï en justice, car autrement il ne seroit vertueux ne si hardi de garder
et bien défendre les droits du roi, comme il est
tenu de faire, et si seroit plus aigu et inventif à
trouver exactions et pratiques, pour ce qu'il seroit
tous les jours en doute de perdre son office » (1).
Ce vœu, auquel d'ailleurs le roi répondit favora-
blement, était la consécration en quelque sorte
nationale du principe de l'inamovibilité.

Au cours de ce chapitre, nous avons vu naître
et se développer le principe de l'inamovibilité à
la faveur des changements apportés dans l'administration de la justice. Durant la période féodale,
et en particulier à son déclin, le caractère de la
magistrature se modifie profondément; les légistes
se substituent aux seigneurs dans la cour du roi
devenue le parlement, l'inamovibilité s'implante
peu à peu. Au commencement du XIVe siècle,
Philippe le Bel en fait une application particulière;
mais c'est encore un fait isolé. Philippe de Valois
pose le premier la règle à laquelle Louis XI
donne enfin sa formule précise.

---

(1) PICOT. *Hist des Etats generaux*, I, p. 439.

CHAPITRE SECOND

L'ANCIEN DROIT; DEUXIÈME PÉRIODE; DEPUIS
LE XVIe SIÈCLE. VÉNALITÉ ET HÉRÉDITÉ
DES OFFICES DE JUDICATURE,
LES PARLEMENTS ET LE
POUVOIR ROYAL.

§ I

Nous avons jusqu'ici négligé à dessein pour en traiter dans un chapitre spécial un point qui présente une importance capitale dans l'évolution du principe que nous étudions, nous voulons parler de la vénalité et de l'hérédité des offices de judicature. L'origine de la vénalité n'apparaît pas bien nettement. Faut-il la faire remonter seulement au règne de Louis XII qui, au dire de Nicole Gilles, vendit les premiers offices de finances ? Fut-elle suggérée à ce prince par l'exemple des Vénitiens, comme le veulent d'autres auteurs, ou par le trafic dont les bénéfices ecclésiastiques étaient l'objet ? Faut-il en placer la naissance à une époque beaucoup plus reculée et n'y voir qu'une conséquence dè l'abus qui s'était introduit bien avant Saint-Louis de bailler à ferme les prévotés, vicomtés, vigueries et toutes les juridictions inférieures ? Nous inclinerions volontiers vers cette dernière opinion qui est celle de Loyseau, notre guide préféré dans ces recherches. Mais comment se faisait-il que les basses justices fussent affermées ? Il faut se souvenir que les fonctions des prévôts et viguiers n'étaient pas seulement judiciaires, mais aussi administratives : la perception des diverses redevances dues au roi, du cens, des droits de sceau et le recouvrement des amendes rentraient dans le cadre de leurs attributions (1.) C'est ce qui explique l'introduction de cet abus. « On bailloit quant et quant à ferme l'office de prévot, vicomte, chatelain ou viguier qu'on ne s'étoit point encore avisé de séparer d'avec les émoluments de la justice. » (2)

« Des offices affermés aux offices vendus, il n'y avait qu'un pas ; on le fit, car la vénalité des offices de judicature était bien antérieure au règne de François Ier, qui ne fit que généraliser et pousser au dernier excès un usage établi. (3). » Saint-Louis réagit en partie contre les abus auxquels donnait lieu la vénalité, en subordonnant le droit de vente à l'autorisation du roi. Sous Philippe-le-Bel et ses successeurs, la vénalité continua à être la règle générale pour les basses juridictions ; quelquefois cependant les offices furent donnés en

---

(1) PARDESSUS. *Org, jud.*, p. 280.
(2) LOYSEAU. *Off.* Livre III, ch. I, n· 67.
(3) DALLOZ, J. G. Vᵘ. *Organisation judiciaire.*

garde, c'est-à-dire gratuitement. Ces abus ne firent que s'aggraver par le malheur des temps. A maintes reprises, les Etats généraux protestèrent contre la vente des charges et demandèrent qu'elles fussent toutes données en garde. L'ordonnance de 1356 leur accorda satisfaction. Mais la vénalité renaissait d'elle-même, et sous Charles VI elle pénétra dans le Parlement. Le droit d'élection, conféré à la cour, fut la fissure qui lui donna passage. Les charges de conseillers ne tardèrent pas à être transformées comme les prévôtés et les baillages, en propriétés privées susceptibles de se transmettre par acte entre vifs. Toutes les mesures que put prendre la royauté pour faire cesser cet état de choses, menaces de destitution, amendes, demeurèrent impuissantes. Charles VI, par l'ordonnance de 1393, faisant droit aux réclamations des états généraux de 1484, prohiba la vénalité des offices d'une façon absolue; il obligea aussi tous les magistrats qui entraient en charge à jurer qu'ils n'avaient « baillé ni promis de faire bailler, par (eux) ou autre, or, argent ou autre chose équipollent (1). Mais ces prohibitions restèrent lettre morte, et n'eurent d'autre effet que d'ajouter le parjure à la honte d'un trafic illégitime.

Charles VI, en décidant par un arrêt de son Conseil que « les espices qui se donneraient pour avoir visité les procez viendraient en taxe » (2) consacra un abus déjà ancien qui contribua à encourager

---

(1) *Ordon.*, XX, p. 402.

(2) L'Hospital, *Traité de la réformation de la Justice*, I, p. 382.

la vénalité. « Comme l'espicerie, dit l'Hospital dans son *Traité sur la réformution de la justice*, est notoirement en ce royaume plus aagée que la vénalité, si elle ne l'a engendrée, pour le moins elle l'a nourrie, eslevée et mise en hault cresdit et l'y entretient » (1).

Pressé par le besoin d'argent, Louis XII vendit le premier quelques charges de. judicature moyennant *finance*. La *finance* était en apparence une avance remboursable faite au roi, mais en réalité, ce n'était, suivant la pittoresque expression de Loyseau, qu' « un prêt à jamais rendre ». Ce que son prédécesseur n'avait fait que timidement et par des traités tenus secrets, François Ier le fit au grand jour. Il vendit ouvertement les charges de judicature, et institua pour servir d'argent à ce trafic le *bureau des parties casuelles* (1522). C'est une chose bien singulière que celui qui venait d'acheter son office aux parties casuelles dût prêter serment qu'il n'avait « baillé..... or, argent ou autre chose équipollent» pour l'obtenir (2). Il y a donc maintenant deux espèces de vénalité : l'une officielle qui se pratique au bureau des parties casuelles entre le roi qui crée une charge et le premier titulaire, l'autre privée qui a lieu hors du bureau entre le résignant et le résignataire d'un office déjà créé. Appuyée sur la vénalité, l'inamovibilité était déjà bien solide. N'était-il pas légitime que celui qui avait acheté son office eut le droit de le conserver?

---

(1) L'HOSPITAL, loc. cit., p. 384.
(2) Ce serment fut aboli par le Parlement de Paris en 1597.

L'hérédité allait donner à ce principe son assiette définitive.

La vénalité des offices aurait dû avoir pour conséquence nécessaire et immédiate leur hérédité. N'eût-il pas été logique que l'office, qui était une propriété, passât avec le surplus des biens du titulaire à ses héritiers ? Il n'en fut pas ainsi cependant ; Louis XII et François Ier, que la pénurie du trésor avait contraint de vendre des charges, n'avaient accordé le droit de présentation qu'au titulaire lui-même, non à sa veuve ou à ses enfants, c'était une faveur toute personnelle et pour la limiter encore, François Ier adopta la règle dite des quarante jours, dont l'idée lui fut suggérée par l'exemple des bénéfices ecclésiastiques. Les titulaires de ces bénéfices, qui avaient intérêt à en jouir le plus longtemps possible, ne se décidaient à résigner qu'au dernier moment, à l'article de la mort le plus souvent. Un pareil usage aurait inévitablement rendu les bénéfices héréditaires, si les papes n'avaient édicté une règle dite *de infirmis resignantibus*, d'après laquelle la présentation n'était valable, et le successeur, agréé que si le bénéficier avait survécu vingt jours au moins à la résignation. Cette disposition fut adoptée par François Ier qui n'en modifia que le délai, parce que celui de vingt jours ne lui paraissait pas suffisant. Ainsi l'office était déclaré vacant lorsque le résignant était décédé dans les quarante jours qui suivaient la délivrance des lettres de provision au nouveau titulaire. Cette règle était gênante ; la pratique s'ingénia à l'éluder ; plusieurs édits vinrent aussi en restreindre le domaine. C'est l'édit de Paulet qui acheva de la faire disparaître: « Cette invention fut premièrement authorisée par arrêt du privé conseil du 7 décembre 1604, sur lequel, le 12 du même mois, fut faite une déclararation du roy en forme d'édict... Cet édit est vulgairement appelé l'Edit de Paulet... parce que M. Charles Paulet, secrétaire de la chambre du roy, en a donné l'avis, au moins en a présenté les mémoires. Aussi, qu'il a été le premier fermier et partisan de la finance provenant d'icelui. » (1). D'après l'édit de 1604 le titulaire d'un office pouvait, grâce au paiement annuel d'un droit qui représentait le soixantième de sa valeur, se soustraire, l'année durant, à l'application de la règle des quarante jours. En cas de mort ses héritiers conservaient la survivance de l'office pendant un an avec le droit de transmission. L'hérédité était définitivement fondée. Le droit de transmission héréditaire était il est vrai, subordonné au paiement de l'impôt, mais en fait, tous les magistrats préférèrent s'y soumettre, assurés qu'ils étaient, moyennant ce léger sacrifice, de transmettre à leurs héritiers la valeur de leur office.

Il est à peine utile de faire ressortir, tant il est facile de s'en rendre compte, comment la vénalité et l'hérédité vinrent affermir et consolider le principe de l'inamovibilité. En légalisant ces abus, la royauté contracta en quelque sorte une obligation de garantie vis-à-vis des magistrats qui avaient acheté leurs charges ; ils ne pouvaient pas plus en être dépouillés que de leurs autres biens par

---

(1) LOYSEAU. *Off.*, liv. II, ch. 10, nos 15, 16.

un acte arbitraire d'autorité ; le respect que notre ancien droit poussa si loin de la propriété privée s'y opposait formellement. Seule une condamnation judiciaire en flétrissant le magistrat coupable de forfaiture, pouvait le priver de son office. L'inamovibilité et la vénalité se prêtèrent ainsi un mutuel appui, elles se pénétrèrent si bien réciproquement pour ne former qu'un même principe, qu'il est difficile de dire jusqu'à quel point l'une fut la conséquence de l'autre. Nous ne saurions partager à cet égard l'avis de Loyseau pour qui « la perpétuité des offices introduite par l'ordonnance de Louis XI, de l'an 1467, a été désormais la première cause de leur vénalité » parce que, dit-il, « il n'y a guère d'apparence qu'auparavant ce temps là on les eut voulu acheter. » (1) Nous croyons avoir démontré que la vénalité des offices est bien antérieure à l'édit de 1467.

§ II

Le principe de l'inamovibilité, auquel la vénalité et l'hérédité ont donné une base inébranlable, assure désormais l'indépendance absolue du juge vis-à-vis du pouvoir royal. La volonté souveraine du roi vient se briser contre cette règle devenue une loi fondamentale de l'État. L'indépendance des

---

(1) LOYSEAU, *Off.*, III, ch. I, Nᵒˢ 60 et 61.

juges est telle, que les grands corps judiciaires feront perpétuellement échec à l'autorité royale qu'ils forceront quelquefois à capituler en usant d'une simple force d'inertie. Qu'on se rappelle comment à la mort de Richelieu, dont la politique despotique avait à grand peine imposé silence au Parlement, celui-ci releva la tête ; comment il cassa le testament du roi défunt, et effaça les restrictions apportées au pouvoir de la régente. Les événements qui signalèrent la minorité de Louis XIV, les concessions arrachées à l'énergie pourtant peu commune d'Anne d'Autriche, l'union des Cours souveraines, (1) les troubles de la fronde, l'arrestation de Broussel et sa rentrée dans Paris à travers les barricades que l'émeute avait élevées pour le venger, montrèrent à quel degré de puissance en était arrivé l'action parlementaire. « Si chose impossible, dit Augustin Thierry, la royauté, vaincue alors, se fut résignée... le gouvernement de la France serait devenue une monarchie tempérée par l'action légale des corps judiciaires érigés en pouvoirs politiques. (2) Une pareille puissance des Cours de justice était à certains égards un bienfait quand on cessa de réunir les états généraux, et les doléances du pays purent souvent se faire jour par l'intermédiaire des Parlements, à l'aide du droit quasi politique de remontrance. Mais elle constituait une étrange

---

(1) Cette union fut décrétée par un arrêt du 13 Mai 1648 qui décida que chaque compagnie enverrait des députés dans la Chambre Saint-Louis pour délibérer avec ceux de la Cour. Isambert XVII p. 69.

(2) Augustin Thiérry, *Histoire du tiers etat.*

anomalie dans une monarchie absolue. Aussi les conflits furent-ils fréquents ; nous les retrouverons plus menaçants, plus aigus que jamais, aux dernières heures de la royauté dont-ils ne contribueront pas peu à provoquer la crise finale et la chute.

Il nous faut maintenant examiner en peu de mots quelles étaient les garanties qu'assurait aux magistrats dans l'ancien droit, l'inamovibilité. L'édit de 1467, qui est fondamental en la matière, décidait qu'un magistrat inamovible ne pouvait être destitué qu'en cas de forfaiture. On entendait par là toute prévarication commise par un officier public dans l'exercice de ses fonctions, et pour laquelle il pouvait être privé juridiquement de son office. Certaines infractions commises en dehors de l'exercice des fonctions publiques entraînaient aussi la destitution ; cette déchéance résultait de plein droit de toute condamnation à une peine infamante. Quant à la privation expresse de l'office, elle ne pouvait résulter que d'une procédure particulière devant le Parlement, procédure qui aboutissait le plus souvent non pas à une destitution pure et simple, mais à la résignation forcée de l'office avec fixation d'un délai qui permettait au titulaire de le transmettre à titre onéreux ; de cette manière on excluait un indigne tout en respectant le droit de propriété « il est fort rare, dit Loyseau, qu'on voie déclarer par arrêt les offices vacants pour simples malversations qui ne méritent peine corporelle : la cour ne trouvant raisonnable de ruiner les officiers et

leurs enfants et encore bien souvent leurs créan-
ciers pour enrichir le fisc. » (1)

Quelque fois pour éviter tout scandale, l'arrêt
de la cour qui ordonnait la résignation de l'office
restait secret on l'appelait alors *retentum*. —
Plusieurs ordonnances établirent des peines
disciplinaires contre les magistrats qui manquaient
à leurs devoirs professionnels; les principales
étaient la privation des gages et la suspension.
(V. Ord. de Charles VIII 1493; de Louis XII 1498;
de François Ier 1535.) Les ordonnances étaient
muettes sur certaines incapacités physiques ou
incompatibilités, mais on admettait généralement
que lorsque un magistrat devenait sourd ou
aveugle ou lorsqu'il rentrait dans les ordres, il
pouvait être contraint à résigner sa charge.

L'hérésie fut aussi dès le XVIme siècle une incapacité de tenir certains offices; ainsi en 1562 les
Capitouls de Toulouse dénoncèrent au roi plusieurs
des présidents et conseillers de la cour suspectés
d'attachements à la réforme parce qu'ils ne fré-
quentaient plus les églises et les sacrements. Le
parlement lui-même, délégua le procureur général et un autre député, qui obtinrent de la reine
mère l'autorisation de sévir contre les magistrats
réformés. Deux présidents et 28 conseillers furent
suspendus de leurs fonctions. L'incapacité résultant
de l'hérésie devint générale après la révocation
de l'édit de Nantes.

La monarchie ne sut pas toujours respecter le
principe de l'inamovibilité que nous trouvons cepen-

---

1) LOYSEAU, *Off*, Liv. I, Chap. 13, No 35.

dant proclamé une fois deplus dans la déclaration du 22 octobre 1648. (1) Mais pour ne pas attaquer directement le principe dont on désirait conserver l'existence au moins nominale, on préférait forcer forcer les magistrats qui avaient déplu a donner leur donner leur démission, plutôt que de les frapper directement d'un arrêt de révocation. Les révocations pures et simples furent rarés dans l'ancienne monarchie; on peut cependant en citer quelques cas. En 1642 M. Bernet premier président du parlement de Provence, fut dépouillé de sa charge par une lettre de cachet; de même en 1684 le sonseiller le Sueur de Colleville.

Les arrêts du Conseil du roi servirent souvent de couvert aux atteintes portées au principe de l'inamovibilité. Ainsi à la suite des troubles provoqués par l'affaire de la Gabelle, le Président du Parlement de Bordeaux, De la Chassaigne, fut déclaré déchu de son office par arrêt du Conseil, au mépris d'un jugement d'absolution rendu par la Cour de Toulouse où l'affaire avait d'abord été portée.

Le plus souvent on forçait secrètement les magistrats à se démettre au lieu de les révoquer. C'est ce qui eut lieu en 1710 pour M. Cousin Procureur Général aux requêtes de l'Hôtel qui refusait de donner sa démission. Le Chancelier lui écrivit :

---

(1) «Voulons... que l'ordonnance du roi Louis onzième du mois d'octobre 1467 soit gardée et observée selon sa forme et teneur, et icelle interprétant et exécutant, qu'aucun de nos officiers..... ne puisse être troublé ni inquiété en l'exercice et fonction de sa charge.»

IsambertXVII p. 92.

« Le Roi saura bien vous y obliger par son autorité, sans vous faire votre procès dans les formes,
comme vous prétendez qu'il y est assujeti. Tant
d'exemples d'officiers revêtus de charges beaucoup plus considérables que la vôtre, que Sa
Majesté a obligé de s'en démettre sans leur faire
leur procès, devroient vous tirer de cette erreur
et vous engager à prévenir un pareil ordre en
vous démettant de vous-même, afin qu'il ne
paroisse pas qu'on vous y ait forcé et afin qu'on
ne puisse douter que vous ne l'ayez fait de votre
propre mouvement. » (1) On procéda de la même
manière vis-à-vis de M. Dalon premier président
au parlement de Bordeaux ; une lettre du Chancelier Ponchartrain du 17 Novembre 1713, lue au
parlement, déclara que le Roi « pour des raisons
à lui connues, avait ordonné au sieur Dalon de lui
envoyer sa démission de la charge de premier
président et d'en cesser les fonctions. » M. Dalon
se soumit et envoya la démission qu'on lui de-
demandait ; (2) on savait ce qu'il en coûtait toujours de déplaire au Roi.

Un moyen fréquemment employé aussi était la
suppression de la charge immédiatement recréée
au profit d'un nouveau titulaire. Le principe de
l'inamovibilité était en somme sauvegardé, car la
royauté ne s'était jamais interdit le droit de supprimer les offices lorsqu'elle le jugeait à propos ;
dans ce cas là d'ailleurs on remboursait en général
au titulaire la valeur de l'office supprimé.

---

(1) DEPPING, *Correspondance administrative sous Louis
XIV*, II.

(2) BOSCHEON DES PORTES, *Hist. du Parlement de Bordeaux*,
II, p. 235-237.

Les rois eurent souvent recours pour vaincre la résistance des parlements et se débarrasser des entraves que leur opposition apportait à l'exercice du pouvoir absolu, à l'emploi des mesures collectives : on tranferait d'une ville à l'autre les cours récalcitrantes, on les empêchait de siéger, on les décimait par lettre de cachet ; ou bien c'était l'exil partiel ou total des membres sur leurs terres, parfois la suppression même de la compagnie qu'on remplaçait par une plus complaisante. Nous en trouvons un exemple dans les faits qui survinrent vers la fin du règne de Louis XV.

En 1770, après les conflits incessants qui avaient surgi pendant ce long règne, Maupeou, décidé à ôter tout pouvoir politique aux magistrats des parlements, publia le fameux édit de Décembre. Le parlement refusa de l'enregistrer et fit au Roi des remontrances. Le débat se termina par l'exil de tous les parlementaires et la confiscation de leurs charges. Le Chancelier remplaça la cour souveraine par six conseils supérieurs et les parlements de province furent réorganisés l'un après l'autre suivant le même système. Mais l'œuvre impopulaire de Maupeou ne devait pas durer. Cédant aux instances de la reine et de Maurepas, Louis XVI exila le Chancelier et rétablit les anciens parlements. Ceux-ci, qu'un exil de trois années avait aigris, ne tardèrent pas à renouveler la lutte contre l'autorité royale. Loménie de Brienne, imitant l'exemple de Maupeou, tenta dans ses édits de 1788 une réorganisation de la magistrature. Mais il fut encore moins heureux, et le rétablissement de la Cour plénière souleva une réprobation générale. La situation s'aggravait chaque jour, les émeutes se multipliaient, on réclamait de toutes parts la réunion des états généraux ; le roi se décida enfin à les convoquer (24 Août 1788.) Peu de jours après Loménie de Brienne tombait, et le parlement rentrait dans Paris aux acclamations de la multitude.

CHAPITRE TROISIÈME.

PÉRIODE RÉVOLUTIONNAIRE

§ I.

On réclamait unanimement une réforme judiciaire. La vénalité et l'hérédité, disaient les cahiers, doivent être abolies en remboursant aux titulaires le prix de leur office, les épices supprimées, la justice rendue gratuitement, les jugements par commissions interdits ; on demandait la séparation bien nette du pouvoir judiciaire des deux autres pouvoirs de l'Etat. La plupart des cahiers proposaient de faire participer à la nomination des juges les états provinciaux ; les uns leur accordaient le droit de nommer eux-mêmes aux places vacantes, d'autres leur permettaient seulement de présenter une liste de candidats, quelques-uns demandaient l'élection des magistrats par leurs collègues ou par le suffrage direct des justiciables. Quant à l'inamovibilité elle était en général respectée, et plusieurs cahiers la combinaient avec le système de l'élection. Le tiers-état de Remiremont (1) demande « que les officiers des dites municipalités soient inamovibles et élus à la pluralité des voix dans une assemblée générale » (2). Cependant ceux qui réclamaient une magistrature élue se prononçaient presque unanimement pour l'amovibilité (3), tandis que les partisans de la nomination des juges par le roi se divisaient sur la question : cent quinze cahiers se déclaraient pour l'inamovibilité (4) et six contre (5).

---

(1) *Arch. parlem.*, t. IV, p. 15, art. 23.

(2) Dans le même sens voyez : *Tiers-Etat de Vannes*. — Election dans la forme fixée par le roi et inamovibilité (*Arch. parlem.* t. VI, p. 108, art. 28, 29).

Tiers-Etats de St-Quentin. — Election des magistrats par les officiers, juges, avocats et procureurs des sièges. Inamovibilité (*Arch. parlem.*; t. V, p. 655).

(3) *Tiers-Etat de Mont-de-Marsan*. — Inamovibilité et élection des magistrats par les habitants de la province. (*Arch. parlem.*, t. IV, p. 35). — *Communauté de Pelissanne*. — Election des juges par la nation et amovibilité (*Arch. parlem.*, Suppl. p. 367, art. 5). — *Ville d'Ornans*. — Election à la suite d'un concours passé devant les juges royaux. — Inamovibilité ; charge conférée pour six ans (*Arch. parlem.*, t. III, p. 169, 170, art. 13, 14, 15.)

(4) *Noblesse de Tourraine*. Nomination du concours et sanction du roi. — Inamovibilité (*Arch. parlem.*, t. V. p. 40, 41, art. 2, 3). — *Tiers-Etat de Vendôme*. Inamovibilité. Nomination sur la présentation des municipalités (*Arch. parlem.*, t. VI, p. 122, art. 20).

(5) Ce sont les communautés de Carri (*Arch. parlem.*, p. 280). De Gardannes (*Arch. parlem.*, Sup. p. 294). — De Marignan (*Arch. parlem.*, p. 341). De Mayrargues (*Arch. parlem.*; Sup.

La sénéchaussée de Draguignan (1) veut « que les charges de magistrature soient éligibles et amovibles »; la noblesse de Ponthieu (2)» que l'inamovibilité soit maintenue et la nomination faite sur la présentation des états provinciaux. » On exigeait aussi l'abandon des mesures collectives prises contre les cours de justice sous la monarchie absolue ; le tiers-état de Troyes (3) réclamait « qu'aucune cour ou tribunal ne put être suspendu de ses fonctions pour quelque cause que ce fut », et la noblesse de Reims (4) « qu'aucun tribunal ne pût être troublé dans l'exercice des fonctions qui lui seraient confiées soit par translation, dispersion, réduction, suppression ou autrement, sans le consentement des états généraux ».

Beaucoup de cahiers, entre autres ceux de la noblesse de Paris *extra muros*, demandaient que le principe de l'inamovibilité, confirmé expressément par l'Assemblée, devint une loi fondamentale et constitutionnelle de l'Etat. Instruite par une expérience de quatre siècles qui lui avait fait voir dans l'inamovibilité de ses juges une garantie de bonne justice, la majeure partie de la nation se prononçait donc pour son maintient, tout en demandant les réformes que le progrès des idées avait rendues nécessaires.

---

p. 345). — De Vitrolles-les-Martigues (*Arch. parlem.*, Sup. p. 448). De Vellaux (*Arch. parlem.*, Sup. p. 456).
(1) *Arch. parlem.*, . III, p. 258, art. 10.
(2) *Arch. parlem.* t. V, p. 432, art. 17.
(3) *Arch. parlem.*, t. VI. p. 82, art. 55.
(4) *Arch. parlem.*, t. V, p. 527, art. 25.

§ II.

La Révolution allait changer les bases de l'organisation judiciaire. Considérant l'autorité judiciaire comme un troisième pouvoir de l'Etat, indépendant du législatif et de l'exécutif elle voulait qu'il fut une émanation directe de la souveraineté populaire. « Le pouvoir judiciaire, disait Bergasse dans son rapport du 17 août 1789, sera donc mal organisé, s'il dépend dans son organisation d'une autre volonté que de celle de la nation. Thouret développait la même idée dans son discours du 24 mars 1790. « Le pouvoir judiciaire, disait-il, est celui des pouvoirs publics dont l'exercice habituel aura le plus d'influence sur le bonheur des particuliers, sur le progrès de l'esprit public... et sur la stabilité de la Constitution.... Tous les pouvoirs avons-nous dit dans la déclaration des droits, émanent essentiellement de la nation et sont confiés par elle ; il n'y en a pas qui agissent plus directement sur les citoyens que le pouvoir judiciaire. Les dépositaires de ce pouvoir sont donc ceux sur le choix desquels la nation a le plus grand intérêt d'influer ». (3) Cette opinion qui était celle de la

(1) *Arch. parlem.*, t. V, p. 236, art. 8.
(2) *Arch. parlem.*, 1·· série, t. VIII, p. 441.
(3) *Arch. parlem.*, 1re série, t. XII, p. 344 et 345.

majorité de l'Assemblée entraîna comme une con-séquence naturelle l'élection des juges par le peuple. Le 5 mai 1790, le principe de l'élection fut adopté à l'unanimité. Les termes du décret du 5 mai ont été reproduits dans la loi du 16 août 1790 dans l'art. 5 du titre III et l'art. 2 du chap. V du même titre de la constitution de 1791. Dès lors, la question de l'inamovibilité telle que nous la com-prenons ne se posait plus, puisque l'inamovibilité n'est et n'a jamais été comprise que comme un pré-servatif à l'influence abusive de l'exécutif. Le pou-voir judiciaire devenant autonome, l'inamovibilité disparaissait par voie de conséquence. Pouvait-on logiquement réclamer pour la magistrature cette prérogative, quand l'assemblée venait de donner aux justiciables ce qu'elle croyait être la plus sûre garantie de bonne justice en décrétant que le peu-ple choisirait lui-même ses juges. La seule ques-tion qui pût se poser était celle-ci : les juges seront-ils élus à vie ou pour un temps déterminé ? Elle fut résolue dans ce dernier sens, parce qu'on consi-déra que l'institution des juges à vie constituerait sur ce point particulier une abdication de la sou-veraineté populaire.

Ainsi l'Assemblée nationale, emportée bien au delà des vœux du pays par sa trop rigoureuse logique, au lieu de réformer l'ancien ordre judiciaire le renversa de fond en comble pour lui en subs-tituer un nouveau. Les philosophes et les publi-cistes, qui furent les véritables auteurs de la révolution française, étaient, il est vrai, allés jusque là. Montesquieu, s'inspirant des principes posés par Locke dans son *Traité du Gouvernement civil*, avait dit : « Il n'y a point encore de liberté si la puissance de juger n'est pas séparée de la puissance législative et de l'exécutrice, si elle était jointe à la puissance législative, le pouvoir sur la vie et la liberté des citoyens seroit arbitraire ; car le juge seroit législateur. Si elle étoit jointe à la puissance exécutrice, le juge pourroit avoir la force d'un oppresseur. » (1) Un peu plus loin dans le même chapitre il ajoute : « La puissance de juger ne doit pas être donnée à un sénat permanent, mais exercée par des personnes tirées du corps du peuple, (2) dans certains temps de l'année, de la manière prescrite par la loi, pour former un tribunal qui ne dure qu'autant que la nécessité le requiert. » (3) Rousseau rangeait les charges de judicature parmi « celles où suffisent le bon sens, la justice, l'intégrité… parce que, dans un État bien constitué, ces qualités sont communes à tous les citoyens » (4) Mably, après avoir exposé le mode de recrutement des juges en Pologne s'exprimait ainsi : « s'il arrivoit, que sous prétexte d'avoir des juges plus éclairés, et trompé par ce qui se passe dans quelques pays de l'Europe, on proposât de rendre perpétuelles les magistratures de nos cours supérieures, il faudrait rejeter ce projet comme pernicieux et contraire au bien public. » (5) Ces idées, dont les meilleurs esprits de l'assemblée etaient imbus, l'emportèrent com-

---

(1) *Esprit des Lois*, liv. XI, chap. 6.
(2) Comme à Athènes.
(3) *Esprit des Lois*, liv. XI, chap. 6.
(4) *Contrat social*, liv. IV. chap. 3.
(5) MABLY *du Gouvernement de Pologne* 1ʳᵉ partie, chap. II.

me nous l'avons vu, sur les tendances conserva-
trices de la minorité. Dans l'effondrement général
du système judiciaire de l'ancien régime, l'inamovibilité des magistrats qui était la garantie de
son bon fonctionnement, devait disparaître. Elle fut
violemment attaquée par plusieurs orateurs parmi
lesquels se trouvèrent des membres même des
anciens parlements. « Il n'est pas douteux, disait
d'André, conseiller au Parlement d'Aix, que des
hommes qui seraient juges pour la vie regarderaient
leurs offices comme des propriétés et cherche-
raient à étendre leurs prérogatives ; il n'est pas
douteux qu'à la longue l'esprit de corps attaquerait
la liberté. La seule objection qui puisse d'abord
paraître raisonnable est celle-ci : des juges à
temps ne seraient pas de bons juges ; je crois
ajoutait-il, au contraire, que des juges à vie
seraient de mauvais juges. Il est certain qu'un
magistrat assuré de conserver son état toute sa
vie se fait une routine et n'étudie plus ; on peut,
sur ce point, en croire mon expérience. Les juges
honorés du choix du peuple croiront n'avoir plus
rien à apprendre, et n'avoir plus qu'à juger ;
ainsi l'inamovibilité est un moyen sûr d'avoir de
mauvais juges. Le magistrat à temps désirant se
faire continuer, travaillera et rendra bonne justice. »
(1) Rœderer, conseiller au parlement de Metz, se
se prononçait dans le même sens, « je demande...
que les juges, disait-il, soient temporaires : je le
demande pour l'intérêt des juges, pour l'intérêt
de la justice, pour l'intérêt politique national ;

---

(1) *Archives parlementaires*, 1re série, t. XV, p. 370

quant à l'intérêt de la justice... il est clair à mes
yeux que des juges élus pour trois ans qui pourront
être éliminés du tribunal s'ils se conduisent mal,
et conservés, s'ils se conduisent bien, assureront
au ministère de la justice ce respect et cette majesté
que l'opinion publique seule confère. Quant à
l'intérêt des juges les déclarer inamovibles, se
serait travailler uniquement pour l'intérêt des
mauvais juges, déterminer la durée de leurs fonctions et autoriser les réélections, c'est s'occuper
de l'intérêt des bons juges : là confiance publique
conservera ceux qui se seront montrés dignes de
cette confiance. » (2) Cependant quelques députés,
reprenant une idée déjà émise par Tronchet, de-
mandent que les juges élus soient inamovibles,
mais soumis tous les six ans à un scrutin d'épreuve « par lequel la destitution... s'opérerait à
une majorité des deux tiers des voix. » (3) M.
Faulcon émet le vœu que les magistrats ne soient
« plus soumis à ce scrutin épuratoire après avoir
triomphé dans trois épreuves. » (4)

Déjà, au cours de la discussion générale, quelques orateurs avaient abordé incidemment la
question de l'inamovibilité. A la fin du long discours qui précédait son rapport sur la nouvelle
organisation judiciaire, discours qui fut vivement
applaudi et dont l'assemblée ordonna l'impression,
Bergasse cherchait à concilier les vœux relatés
dans les cahiers avec l'opinion de la majorité de
l'assemblée : « on observera seulement que, quoi

(1) *Archives Parlement.*, 1re série, t. XV. p. 370-371
(2) *Archives Parlement.*, 1re série, t. XV, p. 370
(3) *Archives Parlement.*, 1re série, t. XV, p. 370

qu'en général il paraisse convenable que la fonction de juge soit à vie, à cause des connaissances malheureusement assez étendues qu'elle suppose, connaissances qu'on serait peu jaloux d'acquérir, si elles ne devaient procurer dans la société un état permanent à celui qui les possède, cependant il serait à désirer qu'après un certain terme, les juges ussent besoin d'être confirmés. Dans un pareil ordre de choses, il est bien peu à craindre que le juge qu'une bonne réputation environne coure le risque de perdre sa place; le peuple a trop d'intérêt à conserver un bon juge. » (1) À la séance du 22 décembre 1789, Thouret demandait que les magistrats fussent élus librement parmi les hommes de loi et nommés à vie. Mais pour Duport l'inamovibilité était incompatible avec le principe de l'élection. Avec des juges perpétuels et des tribunaux permanents, disait-il, on ne tardera pas à avoir une opposition sourde contre la réformation des lois. Le discours de Chabroud à la séance du 30 mars 1790 contient un acte d'accusation complet contre l'inamovibilité ; nous en extrayons les passages suivants : « Le juge inamovible (et en général celui qui ne rentre point dans la vie privée après avoir rempli des fonctions publiques) est à mes yeux un homme bien redoutable. Je ne passerai point à côté de lui sans me dire, avec un frémissement secret, il tient l'un des fils d'où dépendent mon honneur, ma vie et mes biens. S'il est méchant, si je suis faible, tous mes rapports avec lui seront des atteintes portées à ma liberté.

(1) *Arch. parl.*, 1re série, t. VIII, p. 445.

— J'aurai contre lui le remède d'une grande et solennelle accusation, mais combien d'iniquités obscures, combien de vexations particulières ne restent pas en deça du caractère de prévarication qui l'autoriserait ; car il ne faut pas que les juges puissent être légèrement inculpés..... L'inamovibilité est, chez un peuple libre, une mauvaise loi, même à ne considérer que le magistrat irréprochable. Je dis que la vertu même a besoin d'être aiguillonnée ; si elle ne se corrompt pas, elle peut s'endormir dans la paresse..... Le juge inamovible s'assied encore sur le tribunal après le terme que la nature lui avait prescrit ; le juge survit à l'homme. J'ai vu ceux qui n'avaient plus la force de gouverner leurs propres affaires, se réserver encore la fonction de juger les affaires des autres. Ceux-là sont juges jusqu'au dernier soupir ; n'attendez pas d'eux une abdication volontaire qui leur semblerait un avertissement de leur fin, une mort partielle..... On a dit que les fonctions des juges supposent des connaissances très étendues : qu'aucun citoyen ne se vouera à un apprentissage pénible, quand il n'aura pas en vue des avantages durables...... Il me semble que l'on applique légèrement aux magistratures électives, un raisonnement modelé sur celui qui convenait aux magistratures vénales........ Dans le nouvel ordre de choses, le jeune homme sortant du collège ne dira pas : je me fais juge, comme son camarade dit : je me fais marchand. Si sa vocation l'amène à l'étude des lois, il verra de loin dans la carrière les places de magistrature comme des accidents honorables, et non pas comme le terme de son travail. — Ce n'est pas tout : je prétends que l'inamovibilité est une dispense accordée au magistrat de l'étude qui lui est nécessaire...... une fois institué, il sera avec impunité ignorant et oisif. » (1)

Contrairement à ce qui existe aujourd'hui, l'Assemblée nationale décida que les magistrats du ministère public seraient nommés par le roi et institués à vie. L'art. 8 de la loi du 16 août 1790, disposait : « Les officiers chargés des fonctions du ministère public seront nommés à vie par le roi, et ne pourront, ainsi que les juges, être destitués que pour forfaiture dûment jugée par juges compétents ». Ces officiers, dont le rôle, en présence des accusateurs publics, élus par le peuple, était des plus effacé, ne tardèrent pas d'ailleurs à disparaître ; un décret des 18-30 août 1792 les supprima.

Fondant définitivement le nouvel ordre judiciaire la constitution de 1791 portait : « La justice sera rendue gratuitement par des juges élus à temps par le peuple et institués par lettres patentes du roi qui ne pourra les refuser. — Ils ne pourront être, ni destitués que pour forfaiture dûment jugée, ni suspendus que par une accusation admise. »

La Convention bouleversa complètement l'organisation judiciaire établie par la constituante que l'assemblée législative avait respectée. Au mépris de l'inamovibilité temporaire des magistrats élus au commencement de 1791, elle fit, sur la proposition de Danton procéder à de nouvelles élections.

(1) *Arch. parlem.*, 1ʳᵉ série, t. XII, p. 447-448.

L'acte constitutionnel du 24 juin 1793 maintenait le mode de l'élection mais ses dispositions ne furent pas appliquées, et la convention consacrant bientôt la confusion des pouvoirs la plus absolue, nomma elle-même aux places vacantes sans consulter les électeurs. Un peu plus tard le choix des juges passa au Comité du Salut public et les tribunaux criminels furent transformés en tribunaux extraordinaires sous le nom de tribunaux révolutionnaires. Il n'y avait plus à proprement parler, d'ordre judiciaire; nous n'insisterons pas davantage sur cette époque.

La constitution de l'An III rétablit sauf quelques modifications de détail, l'organisation judiciaire décrété par la constituante. L'article 206 de cette constitution portait « les juges ne pourront être destitués que pour forfaiture légalement jugée. ni suspendus que par une accusation adonise ». C'était une inamovibilité réduite à la durée du mandat judiciaire. Les juges pouvaient être indéfiniment réélus.

CHAPITRE QUATRIÈME.

ÉPOQUE CONTEMPORAINE. — PREMIÈRE PÉRIODE :

DU CONSULAT A 1848.

A l'époque où nous arrivons un changement profond s'est opéré dans les idées, la période révolutionnaire est terminée, tout le monde en France aspire au repos; on souhaite un gouvernement ferme, on veut une administration centrale puissamment organisée, assez forte pour éviter au pays lassé de nouvelles crises. La Constitution de l'an VIII porte la trace évidente de ces tendances. On abandonne la théorie des trois pouvoirs; la justice ne sera plus désormais un pouvoir indépendant, elle ne formera qu'une branche de la fonction exécutive, une autorité subordonnée dans la main du gouvernement. « L'autorité, disait Siéyes, doit venir d'en haut et la confiance doit venir d'en bas ». Ce principe, qui fut comme l'âme de la constitution nouvelle, conduisait à la disparition de la justice en tant que pouvoir distinct, indépendant de l'exécutif. Dans la Constitution de l'an VIII, en effet, il n'est plus question de pouvoir judiciaire, et la section qui règlemente l'organisation de la justice porte pour toute rubrique « des tribunaux ». Les juges seront désormais nommés par le pouvoir exécutif ; c'est la règle de l'ancien régime qui reparaît à l'issue de la période révolutionnaire. Et du même coup, on revient au principe de l'inamovibilité qui forme le complément indispensable de ce système, la garantie nécessaire de l'impartialité des juges. D'après la Constitution de l'an VIII, le premier consul choisissait tous les juges criminels et civils sur les listes de notabilité dressées par les électeurs, mais il n'avait pas le droit de les révoquer. Les juges conservaient leurs fonctions toute leur vie à moins qu'ils ne fussent condamnés judiciairement pour forfaiture ou qu'ils ne fussent pas maintenus sur les listes d'éligibles (1). Cette constitution est le premier acte qui consacre l'inamovibilité des magistrats pour la période moderne. L'écueil de ce système, au point de vue de l'inamovibilité, était la part que pouvait prendre une administration puissamment organisée dans la formation de ces listes. Il était fort à craindre qu'un esprit dominateur et absolu tel que Bonaparte, n'usât de son influence pour en faire effacer les noms de ceux qui n'auraient pas sû lui plaire et les révoquer ainsi implicitement. La loi du 27

---

(1) Constitution de l'an VIII, art. 68.

ventôse an VIII donna á la France l'organisation
judiciaire qui la régit encore aujourd'hui. Deux
ans après les listes de notábilité étaient abolies (1),
et du même coup, disparaissait le second cas de
déchéance prévu par l'art. 68 de la Constitution de
l'an VIII. L'inamovibilité devenait une règle absolue. Seuls les juges de paix, dont l'élection avait
été jusque - là confiée aux justiciables, étaient
amovibles. Le sénatus-consulte de thermidor an X
conféra leur nomination au premier consul; ils
étaient institués pour dix ans.

Les nouveaux tribunaux, dans lesquels le premier consul, pour en rehausser l'éclat, avait cru
bon d'appeler beaucoup de membres des anciens
parlements, se montraient sourdement hostiles au
régime impérial ; il y avait aussi un certain nombre
d'incapables. Napoléon résolut de les épurer. Mais
le principe de l'inamovibilité était un obstacle à ses
désirs. Il fit part de ses scrupules à l'archi-chan-
celier. « Cet esprit aussi fertile que sage, dit M.
Thiers, trouva, dans cette occasion comme dans
beaucoup d'autres, un expédient ingénieux, fondé
d'ailleurs sur des raisons solides » (2). Ce que l'émi-
nent historien du Consulat et de l'Empire appelle
un expédient ingénieux, nous l'appellerons tout
simplement une violation de la Constitution. Le
sénatus-consulte du 12 octobre 1807 suspendit
l'inamovibilité, et décida que désormais les provisions à vie ne seraient délivrées aux juges qu'au
bout de cinq ans d'exercice. « Si Sa Majesté recon-

---

(1) Sénatus-consulte du 16 thermidor an X.
(2) THIERS. *Hist. du Consulat et de l'Empire*, t. VIII p. 77.

naissait qu'ils méritassent d'être maintenus dans leurs places ». C'était, dit Boncenne, « réduire la justice à une sorte de vasselage, c'était dire au juge : Si ta conscience ne rend pas foi et hommage *non es amicus cœsaris* » (1). En suite de ces dispositions soixante-huit magistrats furent révoqués par un décret du 24 mars 1808. Le même jour le grand juge fut invité à demander leur démission à quatre-vingt-quatorze magistrats. Nous transcrivons ici l'article premier de ce second décret : « Notre grand juge demandera leur démission aux juges ci-après dénommés, et à défaut par eux de l'avoir transmise dans un délai de... (2), il nous proposera leur destitution » (3). Il ne paraît pas douteux que les magistrats visés dans le décret n'aient déféré à cette injonction. On ne sait si, pendant la durée de son règne, Napoléon usa du droit qu'il s'était réservé de délivrer des provisions à vie.

Une loi qui fait époque dans l'histoire de l'organisation judiciaire et qui est encore en vigueur sur bien des points, la loi du 20 avril 1810, vint supprimer les cours de justice criminelle, et fit passer les magistrats qui les composaient dans les cours d'appel qui prirent le nom de cours impériales.

---

(1) BONCENNE, *Théorie sur la procédure*, I, introduction.

(2) La minute du décret ne fixe pas le délai.

(3) Décret du 24 mars 1808.

§ II.

L'article 58 de la charte de 1814, reproduisant à peu près les termes de la déclaration de St-Ouen, portait : « Les juges nommés par le roi, sont inamovibles. » Ce texte était ambigu. L'interprétant dans un sens qui permettait de procéder à une épuration, le gouvernement de la Restauration disait le 21 février 1815 par l'organe du chancelier : « Il n'y a que les juges nommés par le roi qui soient inamovibles ; peu importe par conséquent que les juges existants aient été créés à vie par le dernier gouvernement, toutes les inductions tirées de leur titre de création viennent échouer contre les dispositions précises de la charte. Il n'y a que la nomination et l'institution du roi qui puissent imprimer aux juges le sceau de l'inamovibilité. Il tardait donc à Sa Majesté d'instituer les juges pour fixer toutes les incertitudes qu'ils pourraient conserver sur leur sort » (1).

On se préparait à commencer l'épuration lorsque l'empereur parût sur le continent. Profitant des mécontentements soulevés par ces menaces de destitutions, il lança pour rassurer la magistrature le décret de Lyon. « ART. 1er. — Tous les changements arbitraires opérés dans nos cours et

---

(1) *Moniteur* du 23 février 1815.

tribunaux inférieurs sont nuls et non avenus ».
L'acte additionnel aux constitutions de l'Empire
proclamait le principe de l'inamovibilité mais avec
cette restriction que les juges que l'empereur juge-
rait « convenable de conserver » recevraient des
provisions à vie avant le premier janvier suivant.
C'était une nouvelle menace d'épuration à l'ho-
rizon.

Lorsqu'après les cent jours le gouvernement
de la Restauration remonta au pouvoir, on se mit
en devoir de poursuivre la tache subitement inter-
rompue. Mais les mesures prises à l'origine pa-
rurent insuffisantes à la majorité, désireuse d'éliminer tous ses adversaires politiques. Se faisant
l'interprète de ces sentiments, M. Hyde de Neuville, dans la séance du 3 novembre 1815, de-
manda la réduction du nombre des tribunaux et
la suspension de l'inamovibilité pendant un an,
pour donner, disait-il, aux passions le loisir de se
calmer et permettre aux magistrats égarés de
rentrer dans l'obéissance qu'ils devaient au pouvoir actuel. (1) Le 15 novembre M. de Bonald fit
dans son rapport l'éloge des parlements et de
l'ancien ordre judiciaire en même temps que le
procès des petits tribunaux. Attribuant ensuite
l'origine de l'inamovibilité au droit de contrôle
que les parlements s'étaient arrogé sur les actes
du pouvoir royal, il ajoutait que cette règle n'a-
vait d'autre effet que d'assurer aux magistrats
corrompus une « longue et scandaleuse impunité »
ou de favoriser une coupable indolence. « Le juge,

(I) *Arch. parl.*, 2ᵉ série, t. XV, p. 93, 177 à 180.

disait-t-il, en est plus fort ; mais s'il est bon, il n'en est pas meilleur ; s'il est mauvais, il en est pire. » Dans une étrange argumentation, il comparait les inconvénients de la magistrature inamovible à ceux que pourraient avoir « une armée inamovible, une administration inamovible, une chambre de députés inamovibles. » Il recherchait la raison d'être de cette règle et croyait enfin la trouver dans des considérations d'ordre purement politique; (1) enfin, dépassant les limites de la proposition Hyde de Neuville, il demandait « que la suspension de l'institution royale pendant un an après la nomination devint à l'avenir une loi constante de l'organisation judiciaire. » (2)

Le projet du rapporteur fut vivement combattu par le comte Beugnot. « Il y a longtemps, dit-il, que le principe de l'inamovibilité subsiste au milieu de nous, et c'est la première fois qu'on l'accuse.... Peu de temps suffit pour apprendre à nos pères que la première qualité d'un sage est la force ; qu'il n'y a point de force pour lui sans indépendance, et point d'indépendance sans la certitude de son état. Le même maître leur apprit aussi que s'il y a dans la société une fonction qu'il faille mettre, par sa perpétuité, à l'abri des haines et des ressentiments particuliers, c'était celle qui prononce sur la vie, sur l'honneur, sur la fortune des citoyens; et que des juges réduits à attendre sur leurs sièges la perte ou la confirmation de leur état, serait la pire espèce des

(1) *Arch. parl.* 2ᵉ série, t. XV, p. 235, 240.
(2) *Arch. parl.*, 2ᵉ série, t. XV, p. 239.

courtisans » (1). Attaquant la mesure qui tendait à
imposer aux juges une année d'épreuve avant de
leur conférer l'investiture définitive, il pour-
suivait : « qu'aurons-nous donc pendant cette
année ? Tous les tribunaux de la France, les cours
prévôtales même, ces tribunaux si redoutables,
vont se trouver transformés soudain en commissions.... serez-vous bien rassurés si vous avez à
vous défendre contre le ministre qui tiendra dans
sa main le sort de tous vos juges, ou seulement
contre un homme armé d'un grand crédit. » (2)
Le magnifique discours de Royer-Collard pro-
duisit à son tour une profonde impression sur la
chambre des députés. Il s'éleva d'abord contre la
proposition de M. de Bonald qui considérait comme
« subversive de la Charte » et se déclarait haute-
ment partisan de l'inamovibilité, plus nécessaire
que jamais aux époques de troubles et de fureur
politique. Après avoir appelé l'attention de l'assemblée sur la redoutable puissance confiée au
juge il s'écriait : « Lorsque le pouvoir chargé
d'instituer le juge au nom de la société, appelle un
citoyen à cette éminente fonction, il lui dit :
« Organe de la loi, quand vous monterez au tribunal, qu'au fond de votre cœur il ne reste ni
une crainte ni une espérance ; soyez impassible
comme la loi. — Le citoyen répond : je ne suis
qu'un homme, et ce que vous me demandez est
au-dessus de l'humanité. Vous êtes trop fort et
je suis trop faible, je succomberai dans cette

(1) Arch. parl., 2ᵉ série, t. XV, p. 251.
(2) Arch. parl., 2ᵉ série, t. XV, p. 253.

lutte inégale. Vous méconnaîtrez les motifs de la résistance que vous me prescrivez aujourd'hui, et vous la punirez. Je ne puis m'élever toujours au-dessus de moi-même, si vous ne me protégez pas à la fois et contre moi et contre vous. Secourez donc ma faiblesse, affranchissez-moi de la crainte et de l'espérance : promettez-moi que je ne descendrai pas du tribunal, à moins que je ne sois convaincu d'avoir trahi les devoirs que vous m'imposez. — Le pouvoir hésite.... Eclairé enfin par l'expérience sur ses véritables intérêts, subjugué par la force toujours croissante des choses, il dit au juge : vous serez inamovible. » (1) Le même orateur insistait ensuite comme l'avait fait le comte Beugnot sur le danger que présentait la disposition du projet qui aboutissait à faire des tribunaux de simples commissions, le roi, suivant en cela l'exemple de ces prédécesseurs, ne devait-il pas donner au pays de véritables juges ? (2) Malgré tant de bonnes raisons la chambre adopta par 189 voix contre 158 la proposition Hyde de Neuville.

Ces débats avaient passionné l'opinion publique et alarmé beaucoup d'esprits. Dans un livre intitulé « l'inamovibilité des juges » M. Dupin, le futur procureur général de la cour de cassation, plaida avec un grand talent la cause du principe méconnu.

A la Chambre des Pairs, la proposition de Neuville fut attaquée par MM. Molé, de la Roche-

---

(1) *Arch. parlementaires*, 2ᵉ série, t. XV, p. 268-269.
(2) *Arch. parlem.*, 2ᵉ série, t. VI, p. 253.

foucauld, Lally-Tollendal, d'Aguesseau. Le garde
des Sceaux lui-même, M. Barbé de Marbois ne
se déclara pas partisan de l'institution provisoire.
« Un tribunal entier qu'on peut éconduire, qu'est-
ce autre chose qu'une commission ? Et l'histoire,
quand il s'agit de commissions, n'examine pas
quels magistrats les composèrent ; elle ne parle
que des victimes. » (1) La proposition fut repoussée à une forte majorité. On était alors à la
fin de 1815 et l'inamovibilité se trouvait suspendue
en fait depuis dix-huit mois environ. Le plus
grand nombre des tribunaux, en effet, n'avait pas
encore reçu l'investiture royale, formalité qui
servait de masque à l'épuration. Après le rejet de
la proposition Hyde de Neuville le renouvellement du personnel judiciaire se poursuivit, et son
résultat définitif fut la destitution de 294 magistrats pour les cours d'appels seulement. « Qu'on
réfléchisse, après cela, ce qu'a du être l'élimina-
tion opérée sur près de quatre cents tribunaux de
première instance. » (2)

A l'imitation des anciens usages de la monarchie,
Charles X, après la mort de son frère, adressa
aux tribunaux des lettres de confirmation.

Le principe de l'inamovibilité fut de nouveau
mis en question après la révolution de Juillet.
Mais la proposition de MM. Duris-Dufrène, de
Brigode et Mauguin tendant à soumettre la magistrature à une nouvelle investiture fut repoussée
à une très forte majorité (3) grâce aux éloquents

(1) *Archives Parlementaires* 2ᵉ série, t. XV p. 463.
(2) BÉRANGER, *de la Justice criminelle en France.*
(3) Environ les quatre cinquièmes.

plaidoyers de MM. Dupin aîné, Villemain et Madier de Montjau qui prirent vaillamment en main la cause de l'inamovibilité. Pourtant le gouvernement parvint à réaliser l'épuration qu'il méditait en imposant aux magistrats l'obligation de prêter serment de fidélité à la Charte. Il y en eut plus de trois cents qui se retirèrent ou furent considérés comme démissionnaires par leur refus de prêter serment. Mais il faut rendre au gouvernement de Louis Philippe cette justice que de tous les gouvernements qui se sont succédés en France depuis un siècle, il est peut-être celui qui a su le mieux respecter le principe de l'inamovibilité.

CHAPITRE CINQUIÈME.

ÉPOQUE CONTEMPORAINE. — SECONDE PÉRIODE :
DE 1848 A NOS JOURS.

§ I.

Aucune hostilité ne se manifesta dans l'ordre judiciaire contre le gouvernement de la République. Aussi, à part quelques magistrats qui montrèrent trop ouvertement leur esprit d'opposition, les hommes en place furent-ils respectés. Le 17 avril 1848 parut un décret du gouvernement provisoire qui proclamait que « le principe de l'inamovibilité de la magistrature, incompatible avec le gouvernement républicain » avait disparu avec la charte de 1830 (1). « Provisoirement, portait le décret, et

_____
(1) M. HELLO dans un article de la *Revue de législation et de jurisprudence* (mai-août 1848) combattit cette doctrine.

jusqu'au jour où l'assemblée nationale prononcera
sur l'organisation judiciaire, la suspension où la
révocation des magistrats peut être prononcée par
le ministre de la justice..., comme mesure d'intérêt public » (1).

Ce que voulaient dire les auteurs de ce décret,
ce n'était pas sans doute que sous un gouvernement républicain, l'inamovibilité de la magistrature ne doit pas être admise quand le pouvoir
exécutif nomme les juges. Dans leur pensée ce
qu'il y avait d'incompatible avec la forme démo-
cratique c'était d'abord et précisément cette nomination par le pouvoir exécutif et seulement par voie
de conséquence l'inamovibilité qui en découle.
Pour eux, ce qu'il fallait, c'était revenir au principe de l'assemblée nationale de 1789, à l'autonomie du corps judiciaire au choix de ses membres par le peuple. Quoi qu'il en soit la constitution
du 4 novembre proclama le principe de l'inamovibilité : « les juges de première instance et d'appel,
les membres de la cour de cassation et de la cour
des comptes sont nommés à vie. Ils ne peuvent
être révoqués ou suspendus que par un jugement
ni mis à la retraite que pour les causes et dans les
formes déterminées par les lois. » (2)

Au cours de la discussion d'un projet de loi sur
l'organisation judiciaire, le comte de Montalembert,
insistant sur la nécessité qu'il y avait pour le gouvernement à mettre ses actes d'accord avec le
principe proclamé dans la constitution, demandait

(1) DUVERGIER, année 1848, p. 143.
(2) Constitution du 4 novembre 184, art. 87.

le maintient de tous les magistrats en fonctions ;
« savez-vous, disait-il, quel sera le résultat de
cette épuration, si elle a lieu ? Savez-vous quelle
sera la vérité constante pour les juges comme
pour les justiciables ? C'est que les juges en France
ne sont inamovibles que d'une révolution à une
autre révolution, c'est que la magistrature est une
curée offerte aux passions et aux hommes de parti
et que ce sacerdoce, le sacerdoce de la justice,
n'est plus qu'une prime réservée aux ambitions et
aux spéculations de la politique.» (1) M. Crémieux
soutint la nécessité de l'épuration et s'appuya pour
la justifier sur le droit incontestable pour tout gouvernement nouveau de vérifier la composition
de toutes les administrations issues du pouvoir
déchu, et d'en renouveler le personnel. M. Jules
Favre combattit la mesure réclamée par le gouvernement, dont la conséquence serait un «mécon-
tentement profond, des attaques qui pourraient
avoir un côté légitime, l'amoindrissement de la
magistrature qui entrerait ainsi par la porte de la
persécution, de l'épuration et de la réaction, le mé-
contentement aussi des justiciables, qui ne com-
prendraient pas l'utilité d'un pareil sacrifice » (2).
L'assemblée, donnant ici l'exemple d'une modé-
ration aussi louable qu'elle est rare dans les
annales des révolutions politiques, décida que tous
les magistrats en fonctions recevraient une investiture nouvelle. L'événement devait montrer à
quel point la magistrature léguée à la République

---

(1) *Moniteur* du 11 avril 1849.
(2) Jules FAVRE, *Discours parlementaires*, I, p. 516 à 522.

par le gouvernement de Juillet était digne de la
faveur dont elle avait été l'objet. On sait, en effet,
qu'après le coup d'état du 2 décembre, les juges
de la haute-cour, sourds aux conseils de la peur,
se réunirent immédiatement pour délibérer sur
l'attentat qui venait d'être commis. M. Renouard
accepta les périlleuses fonctions de ministère public
que ses collègues lui confiaient, et la cour délibérait
déjà sur les mesures à prendre, quand la force
armée la dispersa.

En chargeant le sénat de s'opposer à la promulgation de toute loi qui serait contraire au principe de l'inamovibilité, la constitution de 1852 le
consacrait implicitement. Elle portait :

» ART. 25 — Le Sénat est le gardien du pacte
fondamental et des libertés publiques...

» ART. 26 — Le Sénat s'oppose à la promulgation:
1° des lois qui seraient contraires ou qui porteraient
atteinte à la constitution, à la religion, à la morale,
à la liberté des cultes, à la liberté individuelle,
à l'égalité des citoyens devant la loi, à l'inviola-
bilité de la propriété et au principe de l'inamovibilité de la magistrature. » Jusqu'à cette époque
le magistrat conservait ses fonctions toute sa
vie, hors le cas, ou des infimités, constatées
par une commission composée de ses collègues,
le rendait incapable de remplir sa mission.
Le décret du 1er Mars 1852 sur la limite d'âge
vint modifier cet état de choses en disposant
que les membres de la cour de cassation à
l'âge de soixante quinze ans, et ceux des autres
cours ou tribunaux à l'âge de soixante dix ans,
seraient mis d'office à la retraite. L'exécution de

ce décret atteignit 132 magistrats. Le 8 Mars parut un nouveau décret qui imposait aux juges le serment de fidélité à la Constitution. Beaucoup préférèrent descendre de leur siège que de le prêter.

Sous l'empire de la Constitution de 1852 l'inamovibilité était un principe constitutionnel ; elle devait bientôt perdre ce caractère. Le Sénatus-consulte du 8 Septembre 1869 portait en effet abbrogation expresse de l'article 26 de la Constitution de 1852 : « sont abrogés... les articles... 26 et 40 de la Constitution. » L'inamovibilité devenait ainsi une simple règle de droit. Mais quelques mois plus tard, elle fut de nouveau consacrée par le Sénatus-consulte du 20 Avril 1870. Ce Sénatus-consulte, ratifié par un plébiscite du 8 Mai et promulgué le 21, la proclamait dans son article 15 alinéa : 2 « l'inamovibilité de la magistrature est maintenue. » Ainsi, aux derniers jours du gouvernement impérial, l'inamovibilité possède incontestablement le caractère d'un principe de droit constitutionnel.

Dès la réunion de l'assemblée nationale en 1870, divers projets de réforme judicaire étaient déposés, notamment par MM. Arago et Béranger. Votés en première lecture, ces projets de lois allèrent s'enfouir dans les cartons des bureaux. Le 18 novembre 1875, M. Vente déposait à l'assemblée le résumé des travaux d'une commission extra-parlementaire sur le sujet qui nous occupe, mais ce rapport ne put être utilement discuté avant la séparation de l'assemblée. Notons encore les propositions de Jules Favre sur le re-

crutement et l'organisation de la magistrature
déposées notamment au Sénat le 22 Mars 1877
(1) et qui ne furent jamais discutées.

Les élections qui suivirent les événementsdu
16 Mai firent ajourner les projets d'organisation judiciaire. Le 22 mai 1879, M. Boysset
proposait une nouvelle investiture pour tous les
magistrats en fonctions. Divers projets émanant
de MM. Brisson, Mir, Goblet, Varambon, Ver-
signy et Bernard, (2) et aussi celui de M. Cazot
ministre de la justice, déposé le 20 janvier 1880
(3) furent renvoyés à une commission spéciale.
Sur deux rapports de M. Waldeck-Rousseau (4)
et après déclaration d'urgence, le vote intervint
le 22 novembre 1880. La commission sénatoriale
saisie du projet du gouvernement et de divers
autres projets émanant notamment de MM. Hé-
rold, Jules Simon, Tenaille-Saligny et autres,
désigna pour son rapporteur M. Béranger (rapport du 2 mars 1881) (5) mais le rapport ne fut
pas discuté, et le 15 novembre1881, le gouvernement retira le projet en discussion.

Cependant, plusieurs membres du parlement
continuaient à souhaiter une modification profonde du personnel judiciaire, et la suspension
sinon la suppression de l'inamovibilité, comme
dans le projet de M. Bisseuil.

---

(1) *Journ. offic.* du 7 mai.
(2) *Journ. offic.*, des 8 et 13 janvier, 21, 22, et 26 février 1880.
(3) *Journ. offic.* du 20 février 1880.
(4) *Journ. offic.* des 9 mars et 8 juin 1880.
(5) *Journ. offic.* du 10 mars, annexe n° 79, p. 209.

La commission de la chambre saisie de ces diverses propositions de loi élabora un projet en 48 articles dont nous citerons deux seulement : « Art. 23. — L'inamovibilité est supprimée ; art. 45. — Il sera procédé dans le délai de trois mois à la réorganisation des cours et tribunaux. » Le 10 janvier 1882, la chambre discutant ce projet adopta par 283 voix contre 193, la suppression de l'inamovibilité ; mais elle adopta aussi par 275 voix contre 208 le principe de l'élection des juges. Le projet fut renvoyé à la commission, pour être modifié dans le sens de l'élection, mais à la suite d'une longue discussion (séances des 15 au 27 janvier 1883) la chambre rejeta le principe de l'élection par 274 voix contre 224. En conséquence, la base étant renversée, le projet n'existait plus que sur le papier et fut retiré. Le 10 mars 1883, M. Martin Feuillée, déposait un projet de loi qui, après de nombreuses vicissitudes, est devenue la loi du 30 août 1883 dont il nous reste a parler.

Le projet du garde des sceaux déclarait *nécessaire* la suspension de l'inamovibilité, pour permettre la refonte du personnel judiciaire, et créait un conseil supérieur de la magistrature, chargé de protéger l'indépendance des magistrats, notamment en ce qui concernait leur déplacement d'office. Ces dispositions se sont maintenues dans le texte de la loi de 1883. Les articles 1 à 10 de cette loi règlent la composition des cours et tribunaux et le traitement des magistrats. Le principe de la suspension de l'inamovibilité est établi par l'article 11. Le projet du gouvernement permettait à celui-ci de modifier le personnel tout entier de la magistrature et de le remplacer par un entièrement nouveau, mais le sénat crut devoir restreindre ce droit si étendu, et permit seulement de reconstituer les tribunaux à l'aide d'éléments exclusivement empruntés au personnel actuel. On considérait la suspension de l'inamovibilité comme un cas de force majeure (rapport de M. Tenaille-Saligny au sénat), mais on voulait, dans une certaine mesure, limiter les moyens d'action de l'autorité gouvernementale. Un paragraphe spécial interdisait de maintenir en fonctions les magistrats ayant fait partie des commissions mixtes. La loi de 1883 rétablit du reste le principe de l'inamovibilité qu'elle avait un instant suspendu, et son article 15 interdisait tout déplacement ou mise à la retraite sans l'avis préalable et conforme du conseil supérieur qu'organisait la loi elle-même.

CHAPIRRE SIXIÈME

NATURE DE L'INAMOVIBILITÉ

§ I

Nous abordons maintenant une des questions
les plus importantes de notre étude, la moins
étudiée peut-être, mais la plus. susceptible d'être
discutée et sans aucun doute la plus féconde en
censéquences pratiques. Il s'agit d'examiner si
l'inamovibilité doit être ou non considérée comme
une règle de droit constitutionnel.

Laisant de côté pour le moment la question des
textes, nous nous placerons tout d'abord à un point
de vue purement théorique, et nous essayerons
de déterminer en quelque sorte à *priori* si notre
règle mérite de figurer parmi les principes constitutionnels. Sans doute il peut paraître dangereux

de rechercher la solution de ce problème délicat
en partant de données exclus·vement logiques, et
pourtant, c'est là ce nous semble un préliminaire
obligé de l'étude des textes, qui sans cet examen
préalable serait pour ainsi dire tronquée.

Beaucoup d'auteurs pensent que, bien que les
magistrats soient choisis par le gouvernement,
l'ordre judiciaire forme cependant un pouvoir autonome. Dans ce système, nul doute que l'inamovibilité ne soit un principe constitutionnel, car elle
constitue la condition, la garantie, de l'autonomie
judiciaire et l'application du principe constitutionnel de la séparation des pouvoirs. Nous esti-
mons au contraire, que l'ordre judiciaire n'est
qu'une autorité subordonnée au gouvernement,
une branche de la fonction exécutive. L'inamovi-
bi'ité n'est plus alors une règle constitutionnelle,
elle n'est qu'une restriction législative apposée aux
droits de l'exécutif, et du même ordre que l'inter-
diction faite au gouvernement de priver de ses
fonctions par voie de suspension ou de révocation
un professeur ou un officier en dehors des cas
prévus et en l'absence des formalités exigées par
la loi. Dans notre système, quelle place faut-il
assigner à la règle de l'inamovibilité, et mérite-
t-elle de figurer au nombre des principes constitutionnels?

Afin de se former autant que possible une opinion sûre d'elle-même, il convient de passer
successivement en revue, mais rapidement néanmoins, les arguments qu'on peut faire valoir pour
ou contre. Pour soutenir que l'inamovibilité doit
trouver asile dans la constitution, on peut s'ap-

puyer tout d'abord sur la grandeur des intérêts à protéger. Nous avons déjà indiqué précédemment, et nous reviendrons bientôt sur ce point, qu'il s'agit de sauvegarder les droits les plus sacrés du justiciable, en garantissant dans la mesure du possible l'indépendance du juge. Si c'est une simple loi qui consacre la règle de l'inamovibilité, n'est-il pas à craindre, dit-on, que du jour au lendemain cette garantie ne disparaisse. Une loi peut-être modifiée ou abrogée par une autre loi et c'est là une perpétuelle menace suspendue sur la tête des magistrats, menace qui équivaut presque en fait à la suppression de l'inamovibilité, puisque la sécurité du lendemain, celle qu'on voudrait précisément assurer, est à la merci d'un simple vote des assemblées politiques. L'histoire est là pour nous apprendre que ces assemblées ont vite fait d'édicter une loi. Avec la discussion immédiate et la déclaration d'urgence quelques heures y suffisent, et chacun peut perdre les garanties qu'il croyait avoir. Et supposons, ajoute-t-on, que des temps troublés arrivent, on laissera de côté les règlements des chambres, on votera sans discussion l'abrogation d'une disposition qui paraîtra gênante, alors précisément qu'il faudrait renforcer au lieu d'amoindrir, dans l'intérêt du justiciable, les garanties d'indépendance de la magistrature. Si, au contraire, l'inamovibilité est inscrite dans la constitution, il faudra pour la détruire une révision, c'est-à-dire des lenteurs, des discussions approfondies, tout un ensemble de précautions qui suffiront à arrêter les entreprises téméraires, et c'est-là, conclut-on, une raison décisive de placer

notre principe au rang des règles constitutionnelles, sous peine d'en faire une déclaration plato-
nique.

Ces motifs sont-ils convaincants, et faut-il
regretter le silence de la constitution de 1875 sur
le point qui nous occupe? Nous ne pensons pas.
C'est une opinion dangereuse de croire insigni-
fiant et sans valeur tout ce qui n'est pas constitutionnel. Une constitution doit se borner à énoncer
des règles très générales, celles qui sont comme
la charpente de l'organisation du corps social; les
détails ne sont pas de son domaine, et quel bon
motif voit-on de formuler dans la constitution une
règle qui peut à la rigueur s'accommoder des diverses formes de gouvernement? Somme toute,
une loi est un acte important, dont l'exécution est
assurée par la responsabilité ministérielle. Les
constitutions sont-elles donc à l'abri de tout changement, et immuables en leur texte hors les lentes
formalités de la révision. Le 4 septembre vit la
constitution impériale sombrer sans discussion,
alors que de longs mois ont été consacrés à l'étude
de la loi du 30 août 1883. Inscrire l'inamovibilité
dans la constitution n'est-ce pas la lier en quelque
manière au sort du pouvoir établi et la condamner
à subir toutes ses vicissitudes? Consacré dans une
loi ordinaire, notre principe sera, quoiqu'on en
dise, mieux abrité; il ne sera plus à la merci
d'une tourmente révolutionnaire qui balaiera sans
phrases un régime, sa constitution et les règles
qu'elle posait.

Sans vouloir ici rabaisser notre principe, nous
pouvons bien dire que l'inamovibilité n'est au total

qu'un expédient qu'on remplacera peut-être demain par quelque chose de mieux. Dès lors quelle nécessité voit-on de l'ériger en règle constitutionnelle?

Nous allons maintenant passer à l'étude des textes, et rechercher si, au point de vue du droit positif, la règle dont nous avons entrepris l'étude doit être regardée comme un principe constitutionnel.

§ II

C'est une idée généralement admise que les lois constitutionnelles survivent avec la valeur de simples lois à la ruine des constitutions qui les consacraient. Tel fut le caractère de la règle de l'inamovibilité de la magistrature dans le temps qui s'écoula entre la chute du régime impérial et la promulgation de la constitution actuelle. La trouvons-nous formulée dans cette constitution? Nullement; y trouvons-nous seulement une disposition qui la suppose, qui la consacre implicitement? Pas le moins du monde. Et qu'en devons-nous logiquement conclure, sinon qu'elle a conservé le caractère qui lui appartenait antérieurement aux lois constitutionnelles de 1875? C'est en effet le seul qu'on puisse aujourd'hui revendiquer pour elle. Rien ne saurait survivre de constitutionnel à une constitution abolie; l'existence des constitutions est précaire comme l'existence même des gouvernements qui les ont faites, et limitée à leur durée. Le régime nouveau qui sort d'une révolution politique peut bien trouver en face de lui des lois ordinaires, non des lois constitutionnelles; il n'y en aura de nouvelles que lorsqu'il en aura posées. « Il n'y a pas de constitution tacite » a fort bien dit au sénat, lors de la discussion de la loi de 1883, M. le président du conseil. En 1849, à l'assemblée législative, M. Rouher, développant la même idée, au début de son rapport sur la loi concernant l'organisation judiciaire, s'exprimait ainsi : « La révolution de Février, en renversant les institutions qui régissaient le pays, et la charte qui les consacrait, avait incontestablement brisé, comme loi écrite le principe de l'inamovibilité. » (1)

Nous ne croyons pouvoir mieux faire pour éclairer la question qui nous occupe et appuyer la solution que nous avons indiquée, que de rapporter brièvement les débats qui s'élevèrent sur ce point au sénat, au cours de la discussion de la loi sur l'organisation judiciaire, dans les séances du 27 et 28 juillet 1883, et dont on trouvera le compte rendu au *Journal officiel*. (2)

Lorsque l'article 11 vint en discussion, M. Jouin essaya de démontrer que son dispositif constituait une atteinte à l'inamovibilité, à laquelle le parlement n'avait pas le droit de toucher, l'inamovibilité étant un principe de droit constitutionnel.

_____

(1) *Moniteur* du 8 août 1849.
(2) *Journ. off.* des 28 et 29 juillet 1887. Débats parlementaires, sénat, p. 1090 et 1091, 1097 et suivantes.

Pour soutenir sa thèse, M. Jouin disait en substance : Le principe de l'inamovibilité a été inscrit dans la constitution de l'an VIII, art. 68; le sénatusconsulte de l'an X donna au principe sa plus large application en supprimant le second cas de déchéance prévu par cet article. Depuis cette époque toutes les constitutions qui se sont succédées en France l'ont successivement consacré. Le second empire le proclamait dans l'art. 26 de la constitution de 1852. En 1870, le gouvernement de la défense nationale rendit un décret révoquant 15 magistrats inamovibles qui avaient fait partie des commissions mixtes; l'assemblée annula le décret de Bordeaux comme contraire au principe de l'inamovibilité; c'était implicitement mais clairement le consacrer. « Et cette même assemblée, poursuit M. Jouin, qui se disait constitutante, a fait la constitution de 1875. Voulez-vous m'y montrer un mot, une ligne qui dise : le principe de l'inamovibilité, proclamé dans la constitution de 1848, nous l'effaçons? Il n'y a pas un mot de cela dans la constitution de 1875..... j'arrive à la conclusion de ma démonstration. Oui ou non le principe de l'inamovibilité est-il un principe de la constitution républicaine de 1848. Oui. Ce principe constitutionnel proclamé dans la constitution, respecté par le violateur même de cette constitution, a-t-il été annulé, renversé, modifié, effacé par l'assemblée qui a fait la constitution sous laquelle nous vivons? Non, donc, le principe est un principe constitutionnel. » M. Jouin proposait un amendement consistant à opérer la réduction des magistrats des cours et tribunaux par la voie de l'extinction.

Au nom de la commission, M. Ribière combattit l'opinion de M. Jouin. Les lois constitutionnelles qui nous régissent, disait-il, sont la loi
du 15 février 1875 relative à l'organisation des
pouvoirs publics et celle du 16 juillet 1875 sur les
rapports des pouvoirs publics. Or on ne trouve
dans ces deux lois aucune disposition relative à
l'inamovibilité des magistrats, d'où il faut conclure
qu'elle n'existe pas en tant que loi constitutionnelle.
M. Martin-Feuillée garde des sceaux, prétendait
que le projet de loi ne portait aucune atteinte à
l'inamovibilité, tout en combattant, comme l'avait
fait M. Ribière, la thèse de la constitutionnalité
du principe.

A la fin de la discussion, M. Batbie prit la parole.
A son avis, et contrairement aux affirmations de
M. le Garde des Sceaux, il n'était pas douteux que
le projet portât atteinte à l'inamovibilité. Quant à
la question de droit, à savoir si l'inamovibilité était
ou non un principe constitutionnel, sans aller aussi
loin que M. Jouin, M. Batbie s'attachait à montrer
que l'esprit de la constitution actuelle lui était incontestablement favorable. « Vous savez ajoutait-
il, comment la constitution de 1875 a été faite. Elle
a été une œuvre d'urgence, une espèce de transaction politique entre les partis ; cette transaction
a été faite d'une manière très prompte, si rapidement rédigée qu'on n'a pas pu faire une œuvre
achevée. M. Wallon peut nous dire que l'organisation politique a tout dominé et qu'on n'a pas eu le
temps de rédiger une constitution complète. Est-
ce à dire que, pour ce motif il n'y ait plus de principes constitutionnels. » L'orateur invoque alors

plusieurs principes « qui depuis 1789, sont en quelques sortes le fond commun de toutes les constitutions : » la liberté de la presse, la liberté d'association, de réunion, la liberté de conscience. M. le Président du Conseil répond avec raison qu'il n'y a pas de droits constitutionnels par réticence, que tout cela est fondamental mais non pas constitutionnel au sens légal du mot. (1)

A l'appui de notre opinion nous pouvons faire valoir encore un argument. Après la chute de l'Empire deux décrets de la délégation de Bordeaux portant la date du 28 Janvier et du 3 Février 1871 frappèrent de destitution quinze magistrats qui avaient fait partie des commissions mixtes. Cette mesure constituait une violation de l'inamovibilité. Pour l'honneur de ce principe, et tout en flétrissant la conduite des magistrats frappés, M. Dufaure, alors garde des Sceaux, déposa un projet de loi tendant à en obtenir l'annulation. A la séance du 3 Mars, l'assemblée nationale nomma une commission et le 23 M. Ventavon donna lecture de son rapport ; il concluait à l'annulation des décrets comme ayant « revêtu le caractère d'une mesure disciplinaire et méconnu la règle de la séparation des pouvoirs. » (2)

Le projet primitif portait : « Les décrets du 28 Janvier et du 3 Février 1871 qui ont prononcé la déchéance de quinze magistrats sous-nommés sont déclarés nuls et non avenus, comme contraires au principe *constitutionnel* de l'inamovi-

---

(1) Séance du 28 Juillet, *journal Off.* du 29.
(2) Annales de l'assemblée nationale, T II, p. 77.

bilité de la magistrature». Une discussion très vive s'éleva à la séance du 25 Mars à l'occasion d'un amendement déposé par M. Limpérani qui tendait à supprimer dans le projet de loi le mot « *constitutionnel* ». A l'issue de cette discussion le texte fut modifié et on adopta la rédaction suivante : « Les décrets du 28 Janvier et du 3 Février qui ont proposé la déchéance de quinze magistrats y dénommés, sont déclarés nuls et non avenus, comme contraires à la règle de la séparation des pouvoirs et au principe de l'inamovibilité de la magistrature, en réservant le droit souverain de l'Assemblée sur l'organisation judiciaire. » (1) La suppression du mot constitutionnel dans la rédaction définitive de la loi nous parait un argument topique en faveur du caractère que nous avons assigné à la règle de l'inamovibilité.

---

(2) *Journal Officiel* du 26 Mars 1871, p. 284.

CHAPITRE SEPTIÈME

BUT DE L'INAMOVIBILITÉ ; A QUELS MAGISTRATS ELLE S'APPLIQUE

La première qualité du juge est l'indépendance, l'impartialité. Gardien de la sécurité des personnes et de la propriété des biens, il doit rester neutre entre ceux qui viennent lui soumettre leurs différents, entre la société qui accuse par l'organe du ministère public et l'accusé qui défend contre elle sa vie, sa liberté et son honneur. Ministre impassible de la loi, il ne doit être l'agent de personne, il n'a pas d'ordre à recevoir de ses supérieurs quand il s'agit de rendre une sentence, il ne relève que de sa conscience et de sa raison, encore sa raison doit-elle s'incliner devant un texte formel. Quel moyen de lui procurer cette impartialité, cette impassibilité ? Il les puisera tout d'abord dans la conscience de son devoir, de la lourde responsabilité qui pèse sur lui. Le juge qui n'a aucun sentiment du devoir, aucune notion de

la haute mission qui lui est confiée fera à coup sûr
un mauvais juge, malgré l'inamovibilité ; et celui
qui possède au plus haut point ce sentiment, cette
notion, sera certainement un bon juge fut-il
amovible. Mais la majorité des hommes n'appartient ni à l'une ni à l'autre de ces catégories ex-
trêmes. La règle générale, il faut bien en convenir,
c'est une sorte de médiocrité morale qui nous fait
incliner tantôt au bien, tantôt au mal, qui nous fait
tomber dans des erreurs de raisonnement, des
égarements de sentiment, des faiblesses de toute
nature dont nous ne nous relevons que pour y re-
tomber ensuite. Aussi, vivons-nous presque tous
dans une oscillation perpétuelle entre le bien et le
mal. Montaigne a dit de l'homme qu'il est « on-
doyant et divers » on ne pouvait mieux l'apprécier.
C'est contre ces fluctuations, contre cette diversité,
qu'il faut surtout chercher à assurer celui qui tient
dans sa main la plus redoutable puissance sociale,
celle de juger. Cela est d'autant plus nécessaire
que le juge est plus que tout autre assiégé d'in-
fluences auxquelles il n'aurait peut-être pas toujours sû se soustraire malgré sa bonne volonté.
Mais la société, éclairée par de longues et parfois
cruelles expériences, a fini par comprendre qu'il
fallait à tout prix l'en préserver. Le moyen idéal
de procurer au juge toute l'indépendance désirable
consisterait à le placer dans une situation telle
qu'il n'ait rien à craindre ni à désirer de personne.
L'inamovibilité est jusqu'ici ce qu'on a trouvé de
mieux, il faudrait plutôt dire de moins mal. Nous
verrons en effet un peu plus tard qu'elle est loin
de réaliser l'idéal poursuivi. Il n'y a pas de remède

à l'imperfection humaine, on ne peut songer qu'à des palliatifs. En Angleterre, comme nous le verrons aussi à la fin de cette étude, non-seulement les juges sont inamovibles, mais pour leur enlever toute idée d'ambition et par conséquent toute tentation de complaisances à la puissance du jour, on s'est ingénié à leur ôter tout espoir d'avancement. C'est dans ce pays un fait très rare de voir un simple juge quitter son siège pour occuper celui de la présidence ; la *promovibilité* est pour ainsi dire nulle. Mais, en revanche, le traitement alloué aux magistrats les plus inférieurs est considérable, ce qui leur assure une haute situation et partant beaucoup d'indépendance. Ce sont les principes de Lord Brougham's mis en action. « Un état qui paye mal ses juges, dit cet auteur, se livre à la parcimonie la plus insensée et réalise la pire des économies. » (1)

Nous avons dit que l'expérience et la science comptent aussi au premier rang parmi les qualités d'un bon juge. S'il fallait en croire Rousseau, il suffirait d'avoir du bon sens pour juger. Malheureusement il n'en est pas ainsi ; la science, une science tout à fait spéciale, est nécessaire au magistrat pour démêler le nœud des procès qu'il examine, pour lui permettre de se retrouver au milieu des compilations juridiques et des monuments innombrables de la jurisprudence. Pour juger, il faut un sens pratique très spécial aussi, sens qui ne s'acquiert qu'à la longue et progressivement, et qui fait des vieux magistrats, malgré

_____

(1) Lord Brougham's Works, *British Constitution.*

la faiblesse inséparable de l'âge, les magistrats les plus éclairés. Qu'on se rappelle l'exemple d'Henrion de Pansey élevé plus que septuagénaire à la présidence de la cour de cassation, à l'approbation unanime de la magistrature et du public. Eh bien, cette science, cette expérience, le juge ne les acquerra pas sans l'inamovibilité, sans la continuité de la fonction. Il faut juger humainement les choses humaines ; les gens même les plus vertueux se tourneront toujours vers les professions qui leur assureront la richesse et la considération, vers celles aussi qui leur offriront le plus de chances de stabilité, de durée. Quel est l'homme soucieux de son intérêt, qui s'engagera dans une carrière dont il pensera pouvoir être chassé par un caprice du gouvernement qui le nomme ? Quel est celui qui consentira à entreprendre de longues et difficiles études, s'il se sent sans cesse exposé au danger d'une révocation, en supposant bien entendu que le sentiment de sa dignité lui interdise toute compromission coupable pour se maintenir ?

Mais cette faveur anormale, cette inamovibilité dont jouit le magistrat, à qui profite-t-elle en dernière analyse, qui a-t-elle pour but et pour effet de protéger surtout, sinon le justiciable, intéressé au premier chef à l'impartialité, à l'indépendance de son juge ?

§ II.

Le bénéfice de l'inamovibilité s'applique en principe à tout magistrat régulièrement nommé (1);
ainsi sont inamovibles : les membres de la cour
de cassation, des cours d'appel et des tribunaux
d'arrondissement, c'est-à-dire de toutes les magistratures ordinaires en France. Il convient d'ex-
cepter pourtant les juges de paix, auxquels ne
s'applique pas cette règle tutélaire. On a pensé
qu'en présence de la multiplicité de leurs fonctions, de leur rôle d'officier de police judiciaire et
de l'absence de conditions légales de capacité exigées pour leur nomination, il convenait de ménager
à l'administration supérieure la possibilité de
réparer les erreurs qu'elle pourrait commettre
dans leur choix. M. Camille Bérenger avait proposé l'inamovibilité des juges de paix à l'assemblée
de 1848 (2) M. Berryat Saint-Prix (3) a soutenu que
les juges de paix devaient être considérés comme
actuellement inamovibles, la constitution de 1852
ayant proclamé le principe sans restriction. Mais
d'une part, cette constitution n'est plus en vigueur

---

(1) Art. 15 de la loi du 30 août 1883.
(2) Séance du 17 juillet 1848. *Moniteur* du 18, p. 2882.
(3) *Revue critique de législation et de jurisprudence*, nouv.
série, t. VIII, 1879, p. 753.

et de l'autre, elle a certainement entendu consacrer l'inamovibilité dans les termes où elle existait auparavant.

En ce qui concerne la magistrature algérienne,
elle ne jouit pas du bénéfice de l'inamovibilité. Il en
est de même des magistrats coloniaux ; l'Algérie
et les colonies sont, en effet, régies par une législation spéciale où le principe que nous étudions
ne figure pas. Les textes qui y règlementent
l'exercice du pouvoir judiciaire réservent expressément au gouvernement le droit de révoquer les
magistrats (1). Bien plus, il faut même noter que
les gouverneurs des colonies sont investis à
l'égard des magistrats d'un pouvoir disciplinaire
qui peut aller jusqu'à la suspension. On ne peut
guère expliquer cette situation spéciale faite aux
magistrats algériens et coloniaux, que par une
anomalie de jurisprudence. Si, à la rigueur, on peut
admettre que dans les colonies et aux premiers
temps de la conquête algérienne, il convenait
d'armer l'autorité centrale d'un pouvoir presque
absolu dans l'intérêt supérieur de la sûreté publique
et étant donné les difficultés du recrutement des
corps judiciaires, aujourd'hui on ne peut plus guère
comprendre que les justiciables d'Algérie ne
jouissent pas des mêmes garanties que les justiciables de la métropole. Cela est si vrai qu'en
1885, à une audience solennelle de la cour d'appel
d'Alger, le procureur général s'exprimait en ces
termes : « Pour compléter l'assimilation de la magistrature algérienne à celle de la métropole, une

----

(1) Ordonnance du 28 juillet 1841.

double consécration nous manquait, celle de l'inamovibilité qui, suivant la belle expression de
Henrion de Pansey, confère au juge la plus réelle
indépendance en l'élevant au-dessus de tous les
genres de séduction. Cette garantie dont la magistrature algérienne s'est montrée si complètement
digne, lui a été donnée par la loi du 30 août 1883.»
Mais le gouvernement ayant demandé en présence
d'une affirmation aussi nette, l'avis de la cour de
cassation toutes chambres réunies, suivant les
formes de l'ordonnance du 18 avril 1841, la cour,
à la date du 30 avril 1885, décida que le principe
de l'inamovibilité ne s'appliquait pas à la magistrature algérienne (1). La situation de celle-ci est
en effet réglée par l'ordonnance du 26 septembre
1842, accompagnée de l'arrêté ministériel du 22
novembre 1842 et d'un arrêté du chef du pouvoir
exécutif du 20 août 1848, en vertu desquels les
juges sont nommés et révoqués sur rapport du
ministre de la justice. La loi de 1883, ne visant pas
en effet la question de l'inamovibilité de la magistrature algérienne, a laissé, par son silence, sub-
sister les lois antérieures.

---

(1) *cf*. Conseil d'Etat 23 juin 1893, LEBON 1893, p. 505.

CHAPITRE HUITIÈME

EFFETS DE L'INAMOVIBILITÉ

Ainsi que nous l'avons dit, la protection de notre principe doit cesser de couvrir le magistrat qui a démérité ou qui est incapable de remplir ses fonctions. Etudions tout d'abord les droits réservés au gouvernement, et qui lui permettent de priver partiellement ou totalement de son privilège le magistrat jugé indigne.

La caractéristique de l'action disciplinaire, car telle est la dénomination technique de la mesure dont nous nous occupons pour le moment est, en ce qui concerne au moins les juges, d'être portée devant une juridiction, et soumise à des débats contradictoires qui assurent la liberté de la défense en même temps que l'autorité de la décision intervenue.

L'institution du pouvoir disciplinaire a pour

objet principal de sauvegarder la dignité et la considération nécessaires à chaque corps. Il convient en effet que l'honneur de tous ne puisse être compromis par les écarts de conduite de quelques-uns.

Il faut donc que le pouvoir disciplinaire s'étende non-seulement aux faits prévus et punis par la loi pénale, mais encore à ceux qui relèvent de la morale pure, sans toutefois qu'on puisse dépasser dans l'appréciation de ces derniers certaines limites très étroites. S'il en était autrement le secret de la vie privée et du foyer domestique seraient sans cesse violés. Il est nécessaire qu'un certain élément de publicité vienne s'ajouter au fait matériel, qu'un scandale s'en soit suivi, propre à rejaillir sur le corps judiciaire; l'action disciplinaire se trouve dès lors justifiée. Il ne s'agit pas en un mot de réprimer une atteinte aux lois de la morale, mais bien plutôt de protéger un corps social contre le déshonneur qui résulterait pour lui de l'indignité d'un de ses membres, et dans ces conditions, on comprend qu'il faille que les faits immoraux aient été, dans une certaine mesure tout au moins, rendus publics. D'ailleurs, le gouvernement étant privé de tout moyen d'action pour réprimer les écarts de conduite des magistrats, il ne fallait pas qu'à l'abri de leur inamovibilité ceux-ci pussent s'y livrer impunément. Il fallait au contraire, dans un but d'intérêt social, faire fléchir le principe supérieur devant les nécessités du pouvoir disciplinaire; il fallait instituer une autorité chargée de la surveillance des corps judiciaires, et armée de moyens répressifs suffisants pour faire rentrer au besoin dans la ligne du devoir ceux qui s'en écraient écartés. La suspension ou la déchéance ont donc un caractère différent suivant qu'elles sont encourues comme conséquence d'une condamnation ou prononcée comme peine, principalement. Dans la première hypothèse elles affectent un caractère pénal et ne peuvent être encourues que dans les cas prévus par la loi. Dans la seconde elles revêtent un caractère purement disciplinaire, et les cas où elles peuvent être prononcées ne sont pas écrits dans des textes formels. Il nous suffira de rechercher quels faits sont susceptibles de donner ouverture à l'action disciplinaire contre les magistrats inamovibles, quelles peines peuvent être encourues, quelle procédure est applicable.

Sauf les cas précis où le 'juge se trouve sous le coup d'un mandat de justice ou d'une condamnation même de simple police, (1) les faits qui permettent d'intenter l'action disciplinaire ne sont énoncés par la loi que d'une façon assez vague. La loi du 20 avril 1810 (art. 47, 50, 56) parle du magistrat qui *compromet la dignité de son caractère* et de *causes graves*. Interprétant ces textes, la cour de cassation range les faits susceptibles d'être incriminés sous trois chefs principaux, suivant qu'ils se rapportent aux devoirs professionnels du magistrat, à sa vie privée ou à l'attitude de réserve qu'il doit garder en matière politique. Notons au surplus que la juridiction disciplinaire est absolument souveraine pour examiner les faits

---

(1) Loi du 20 avril 1810, art. 58, 59.

qui lui sont déférés, et quelle peut en scruter les causes, en apprécier librement les résultats. (1)

En ce qui concerne la violation des devoirs professionnels, nous nous bornerons à citer quelques exemples qui permettront de bien comprendre ce qu'on doit entendre par là. Un magistrat qui avait comparu comme témoin en cour d'assises dans une poursuite en diffamation intentée par un de ses collègues, ayant affecté une attitude offensante vis-à-vis du président et du procureur général, et ayant ensuite partagé le repas des prévenus acquittés fut frappé de suspension pendant trois ans (2). Tombe encore sous le coup des peines disciplinaires le magistrat qui reproche par écrit à son président de manquer de loyauté et de délicatesse. (3) Rappelons le cas récent et bien connu d'un juge d'instruction dînant avec la personne qu'il se proposait de faire arrêter, et ne craignant pas de se substituer à une autre personne dans une conversation téléphonique avec un témoin (4)

Il est difficile de définir les actes de la vie privée du magistrat qui le rendent passible d'une punition disciplinaire. Tout fait scandaleux ou d'immoralité de nature à porter atteinte à la dignité du corps judiciaire, permet de poursuivre le juge, même inamovible. Il en est ainsi spécialement en matière de duel, alors même que le duel aurait été arrêté en fait par l'intervention de la police locale. (5)

---

(1) A titre d'exemple cf. chambres réunies, cassation, 21 juillet 1871. D. 71, 1, 33.

(2) Chambres réunies, 16 nov. 1882. D. 83, 1, 95.

(3) Conseil supérieur, 12 mai 1884. D. 84, 1, 246.

(4) Conseil sup., 31 janvier 1888. D. 88, 1, 73.

(5) Chambres réunies, 16 juin 1882. D. 83, 1, 355.

En ce qui touche les condamnations pénales encourues par le juge, il faut remarquer que toute condamnation à une peine afflictive ou infamante, ou même á une peine correctionnelle dans le cas spécial de l'article 175 P, entraîne de plein droit la destitution. (1) Les peines correctionnelles ou de police donnent lieu à l'application de la suspension ou de la déchéance selon les cas. Encore faut-il, en ce qui concerne les peines de simple police, qui généralement sanctionnent des infractions dues à la négligence ou à l'imprudence, que le fait délictueux soit de nature à compromettre assez gravement la considération du magistrat, comme par exemple des violences même légères.

En matière politique, le magistrat inamovible doit apporter la plus scrupuleuse attention à éviter tout ce qui serait attentoire à la dignité de son caractère. Il doit notamment s'abstenir de toute manifestation hostile au gouvernement établi ; c'est ce que dit d'ailleurs l'art. 14 de la loi du 30 août 1883, qui interdit au surplus toute délibération politique aux corps judiciaires. On a voulu par ce moyen, assurer la neutralité de l'autorité judiciaire et empêcher le renouvellement des adresses de félicitations dont l'usage s'était établi par le passé.

Les peines disciplinaires sont, sans parler de celles dont l'application est réservée au garde des sceaux (2) et qui n'intéressent pas l'inamovibilité, la censure simple, la censure avec réprimande, la

---

(1) Art. 28 et 34. P.
(2) Loi du 30 août 1883, art. 17.

suspension provisoire, et enfin la déchéance autorisée par l'art. 59 de la loi du 20 avril 1810. Les deux dernières de ces peines portent seules atteinte au principe de l'inamovibilité.

La suspension à une durée limitée. C'est une mesure provisoire; nul doute n'est possible à l'égard des membres des cours d'appel et tribunaux d'arrondissement. (1) Quant aux membres de la cour de cassation, la loi est muette, mais le bon sens comme les principes commandent de leur appliquer la même règle.

En ce qui concerne la déchéance, le conseil supérieur de la magistrature peut aujourd'hui, et dans tous les cas, la prononcer contre le juge, si la gravité de la faute lui paraît mériter cette rigueur. La sanction de la suspension et de la déchéance est édictée par l'art. 197 du code pénal, frappant d'une peine correctionnelle le fonctionnaire qui, au mépris des mesures prises contre lui, continue à exercer ses fonctions.

Il nous reste maintenant un dernier point à étudier. Comment est organisée la juridiction appelée à statuer sur le sort des magistrats poursuivis disciplinairement? Quelle procédure est applicable?

Avant la loi de 1883, le sénatus-consulte du 16 Thermidor an X (art. 82) avait attribué à la cour de cassation un droit de censure et de discipline sur les membres des cours d'appel et des cours d'assises, droit étendu par la jurisprudence sur les membres des tribunaux inférieurs et

_____

(1) Loi du 20 avril 1810, art. 50 et suivants.

même sur les juges de paix. Ce rôle, précisé et élargi par l'art. 59 de la loi du 20 avril 1810 et surtout par les art. 4 et 5 du décret du 1er mars 1852, a été complétement modifié par la loi du 30 août 1883. Autrefois les membres des tribunaux inférieurs pouvaient être traduits successivement devant tous les degrés de juridiction, aujourd'hui ils le sont d'emblée, comme tous les magistrats inamovibles devant la cour de cassation. L'art. 13 de la loi du 30 août 1883 porte en effet : « La cour de cassation constitue le conseil supérieur de la magistrature. Elle ne peut statuer en cette qualité que toutes chambres réunies. » Ce pouvoir disciplinaire s'étend donc sur les propres membres de la cour de cassation, et sur les magistrats faisant partie des cours d'appel et tribunaux inférieurs.

La composition du conseil supérieur de la magistrature a été une des plus graves préoccupations des auteurs de la loi de 1883. Dans le projet du gouvernement ce conseil se composait de cinq membres de la cour de cassation, de cinq conseillers d'état et de cinq premiers présidents élus par leurs collègues. On dut abandonner l'idée de confier un droit de contrôle quelconque aux membres du Conseil d'Etat, étrangers à la magistrature et à ses traditions. La commission de la chambre des députés proposait de recruter le conseil supérieur parmi les membres de la cour de cassation dont quelques-uns auraient été choisis pour le composer tant par leurs collègues que par la Chambre et le Sénat. Mais, à cette dernière assemblée, le rapporteur de la loi fit observer que ce système aboutirait à introduire la politique dans un domaine

7

d'où elle doit rigoureusement être bannie, et, après
le rejet de divers amendements tendant à ériger
en conseil supérieur soit une chambre spéciale de
la cour de cassation, soit quelques membres élus
par elle, on décida de confier la juridiction disciplinaire à la cour statuant toutes chambres réunies.
Le procureur général près la cour de cassation
représente le gouvernement devant le conseil
supérieur de la magistrature. (1)

« Le conseil supérieur ne peut être saisi que par
le garde des sceaux. » (*Loi du 30 Août 1883,
art. 16.*) Sous la législation antérieure, les cours
et tribunaux pouvaient d'office mettre en mouvement l'action disciplinaire ; le ministère public
pouvait bien prendre à cet effet des réquisitions
formelles, mais elles n'étaient pas indispensables.
Aujourd'hui l'exercice de l'action disciplinaire est
subordonnée à la seule appréciation du garde des
sceaux. Maître absolu de l'action, il peut l'exercer
ou la suspendre à son gré, atteindre tel magistrat
et épargner tel autre, ce qui ne laisse pas d'être
regrettable.

La procédure devant le conseil supérieur n'étant
édictée précisément par aucun texte, est le sujet
de vives controverses. On est cependant d'accord
sur quelques points. Ainsi le droit sacré de la
défense exige que le magistrat inculpé soit entendu
dans ses explications, ou tout au moins mis à
même de les présenter. C'est ce que décidait l'art.
55 de la loi du 20 Avril 1810 et ce que décide aujourd'hui la loi du 30 Août 1883. D'où la nécessité

---

(1) Loi du 30 Août 1883, art. 13 § 2.

d'une citation préalable qui devra être donnée à l'intéressé à la requête du procureur général près la cour de cassation. (1) C'est là une formalité essentielle qui doit être observée à peine de nullité. (2) Cependant si l'inculpé avait été mis à même de présenter utilement sa défense par tout autre moyen, et s'il avait ainsi renoncé au bénéfice de la citation, il nous semble que la nullité serait couverte. Elle n'est en effet que la sanction du droit de défense et ce dernier demeure intact (3). Ajoutons que la citation doit être motivée, c'est-à-dire énoncer suffisamment les faits qui ont donné ouverture à l'action disciplinaire, c'est là au surplus l'application des règles du droit commun. En principe l'inculpé est tenu de comparaître en personne afin de fournir toutes les explications nécessaires sur les faits qui lui sont reprochés. D'ailleurs, la non-comparution du magistrat poursuivi ne fait pas obstacle à ce que l'action disciplinaire suive son cours contre lui, il suffit qu'il ait été dûment appelé. (4) Lors de la discussion de la loi de 1883 au Sénat, il a été affirmé que le conseil supérieur pouvait, s'il le jugeait convenable, nommer une commission rogatoire pour recevoir les explication du magistrat, au lieu d'ordonner sa comparution personnelle. Il convient de faire des réserves sur l'exactitude de cette solution qui pourrait, dans bien des cas, compromettre les intérêts de la défense. Nous croyons que la nomina-

---

(1) Loi du 30 Août 1883, art. 13.
(2) Cass. 17 Juin 1867, D. 67, 1,196.
(3) Cass. 16 Janvier 1884, D. 84, 1,252.
(4) Cass. 15 Juin 1882. D. 83, 1,420.

tion de la commission rogatoire doit être restreinte au cas ou le magistrat inculpé ne comparait pas ou sollicite lui-même la nomination de cette commission, en lui réservant toutefois le droit absolu de fournir personnellement ses explications devant le conseil supérieur, s'il en exprime par la suite le désir.

Quant aux formes de l'instruction, en face du silence de la loi et de la nature spéciale de l'action disciplinaire, il convient de reconnaître au conseil le droit souverain de recourir à telles mesures qu'il juge utile dans l'intérêt de la manifestation de la vérité. La conscience du juge est ici la seule garantie de l'inculpé.

Le magistrat traduit devant le conseil supérieur peut-il se faire assister d'un défenseur ? C'était là une question vivement discutée autrefois ce qui explique les arrêts en apparence contradictoires rendus sur ce point ; les uns refusant d'entendre le conseil du magistrat poursuivi (affaire Madier de Montjeau en 1820,) d'autres les admettant sans discussion (affaire Daudoin en 1833.) Aujourd'hui l'affirmative ne saurait faire aucun doute ; l'assistance d'un conseil est de droit. Quant à la publicité des débats, le conseil supérieur est armé d'un pouvoir discrétionnaire sur ce point, et il s'inspire des circonstances, bien qu'en général la pratique veuille que les débats aient lieu a huis clos et qu'une certaine publicité soit seulement donnée au dispositif de la décision.

Les décisions du conseil supérieur de la magistrature sont rédigées en forme d'arrêt, bien qu'aucun texte de loi ne l'impose. Elles énoncent

les faits qui ont donné lieu à la poursuite, indiquant
que l'inculpé a été entendu ou dûment appelé, et
sont motivées. Elles contiennent en outre en
général le texte des lois visées, s'il y a lieu. Enfin
l'expédition en est revêtue de la formule exécu-
toire. Ces arrêts ne sont en principe soumis à
aucune voie de recours. Ils ne peuvent pas être
réformés par le garde des sceaux. Ils ne peuvent
pas non plus, à notre avis, être attaqués par une
procédure en révision ou en réhabilitation, les
textes de loi qui régissent ces matières laissant en
dehors d'eux le cas qui nous occupe. Enfin d'après
une décision ministérielle du 18 Février 1839,
vivement critiquée toutefois, le droit de grâce ne
s'appliquerait pas aux déchéances prononcées en
matière disciplinaire Mais le principe absolu posé
par la loi de 1883, que le magistrat poursuivi doit
être entendu, nous ferait incliner à lui laisser
ouverte la voie de l'opposition contre les arrêts rendus par défaut à son endroit. On doit considérer
comme étant rendus par défaut, les arrêts dans
lesquels la citation, pour un motif quelconque, n'a
pas touché l'inculpé. Il faut en dire autant au cas
ou le magistrat poursuivi a comparu, mais en
déclarant expressément faire défaut, ou en se
bornant à soulever des exceptions préjudiciables ;
c'est le défaut faute de conclure, formellement
admis par la cour de cassation. (1)

En ce qui concerne les formes de l'opposition,
en l'absence de tout texte législatif spécial et de
tout monument judiciaire, il nous semble que l'on

---

(1) Cass. 24 Avril 1883. D. 83, 1, 417.

devrait appliquer les règles écrites dans le règlement du 28 Juin 1738 (titre II, 1re partie) encore en
vigueur et réglant les formes de l'opposition
devant la chambre civile. Il devra donc intervenir
un arrêt préparatoire admettant l'opposant à
porter à nouveau le débat devant le conseil supérieur. Notons pour en terminer sur cette question, que les décisions du conseil supérieur doivent
être notifiées en la forme ordinaire au magistrat
condamné. C'est le droit commun en matière
disciplinaire.

Supposons maintenant que contrairement à
toutes les règles que nous venons d'exposer, un
magistrat inamovible soit révoqué par un simple
décret, ou même mis à la retraite d'office sans
que le conseil supérieur de la magistrature ait été
aucunement consulté. Il est certain que cet acte
gouvernemental donnera ouverture comme tout
autre acte abusif à la responsabilité ministérielle
s'exerçant devant les Chambres, saisies au besoin
de la question par voie de pétition de la part de
l'intéressé. Mais existe-t-il un recours d'ordre plus
juridique et, disons le, plus sûr que l'exercice de
la responsabilité des ministres ? A notre avis la
cour de cassation ne saurait en aucune manière
s'immiscer dans la connaissance de l'acte gouvernemental irrégulier, sans violer le principe fondamental qui interdit à l'autorité judiciaire toute
intrusion dans le domaine administratif. Il est
certain qu'un recours pourra être utilement formé
pour excès de pouvoir et violation des formes
légales devant le Conseil d'Etat statuant au con-
tentieux. Le principe de la compétence du Conseil

d'Etat en matière d'attributions contentieuses se
trouve contenu dans l'article 9 de la loi du 24
Mai 1872 aux termes duquel « le Conseil d'Etat
statue souverainement sur les recours en matière
contentieuse administrative et sur les demandes
d'annulation pour excès de pouvoir, formés contre
des actes des diverses autorités administratives. »
Ce texte proclame que la juridiction du Conseil
d'Etat est générale et souveraine. Nous pouvons
d'ailleurs, bien que la pratique ne nous offre heu-
reusement que peu de monuments sur la question,
indiquer dans ce sens un arrêt du Conseil d'Etat
du 23 Juin 1893 (1) dont nous avons déjà précédemment parlé. C'est arrêt qui s'occupe de la question
de l'inamovibilité des magistrats algériens et par
cela seul qui tranche le débat au fond, indique
nettement la compétence du Conseil d'Etat pour
statuer sur le cas dont il s'agit.

---

(1) LEBON 1893, p. 505.

CHAPITRE NEUVIÈME.

Législation comparée

ANGLETERRE. — A première vue, le système judiciaire anglais semble d'une extrême complication; on peut cependant en donner une idée approximative. Les cours de comté (*county courts*) forment le degré le plus inférieur de juridiction. Elles sont composées d'un seul juge et connaissent des litiges dont l'intérêt ne dépasse pas douze cent cinquante francs. Le pays est divisé en circuits. Dans chaque circuit existe une cour de comté dont le juge parcourt à certaines époques déterminées le territoire subdivisé à cet effet en districts. Au-dessus des cours de comté siègent à Londres trois cours supérieures qui sont: la cour du banc de la Reine *Queen's bench*, la cour des plaids communs *Common pleas* et la cour de l'échiquier *Exchequer*. Ces cours jouissaient autre-

fois d'attributions distinctes; aujourd'hui elles remplissent toutes trois les mêmes fonctions. Elles
sont composées d'un très petit nombre de juges,
et font dans le royaume des tournées judiciaires
dans l'intervalle desquelles elles siègent au palais
de Westminster. La justice anglaise étant de droit
strict, on a confié à la cour de la chancellerie une
sorte de juridiction d'équité pour suppléer aux
lacunes ou à la trop grande rigueur des lois. Cette
cour se compose du chancelier qui la préside,
d'un vice chancelier et de maîtres des rôles. Enfin,
au-dessus de ces quatres cours qui remplissent à
peu près l'office de nos cours d'appel, on a établi
en 1873 une juridiction supérieure, la cour suprême
de justice. Les magistrats des cours de comté
sont nommés à vie par le chancelier qui ne peut
les révoquer que pour incapacité ou inconduite;
ceux des cours d'appel sont nommés à vie par
la reine et ne peuvent être destitués que sur la demande des deux chambres. Les juges composant
ces divers tribunaux sont peu nombreux. De plus,
pour les mettre complètement à l'abri des in-
fluences gouvernementales et des passions politiques, on les a frappés d'une incapacité spéciale
de faire partie d'aucun des grands corps électifs.

Nous avons dit que dans l'organisation judiciaire
anglaise l'avancement est presque nul vu le petit
nombre des magistrats et la rareté des vacances
de siège. On ne peut dont guère craindre que le
juge se fasse solliciteur. Mais en revanche le traitement alloué aux magistrats est très élevé. Citons
quelques chiffres pour l'exemple : un simple juge
des cours de comté touche trente mille francs,

c'est-à-dire autant que le premier président de notre cour de cassation. Quant aux membres des cours supérieures, leurs émoluments atteignent un chiffre qui peut nous étonner ; ainsi le président du banc de la Reine *lord chief justice of Queen's bench* touche deux cent mille francs, celui de la cour des plaids communs *lord chief justice of common pleas* et celui de la cour de l'Echiquier *lord chief justice of Exchequer* reçoivent cent soixante quinze mille francs. Des fonctions aussi peu nombreuses et aussi largement rétribuées ne peuvent manquer d'être recherchées par les jurisconsultes les plus distingués et les meilleurs avocats, de sorte qu'en Angleterre presque tous les juges sont des hommes éminents. Nous ne croyons pas qu'il existe un autre État où les magistrats puissent le disputer en savoir et en indépendance aux membres du corps judiciaire anglais.

En 1887 il s'est produit à la Chambre des Communes une longue discussion sur le point de savoir si la magistrature de l'Inde anglaise jouissait de l'inamovibilité, mais la question n'a pas été résolue.

ALLEMAGNE. — L'unité de l'organisation judiciaire dans l'empire d'Allemagne est, comme l'unité politique, de date récente. Elle remonte à la loi du 27 Janvier 1877. A la diversité des institutions, au morcellement judiciaire cette, loi a substitué un système simple et bien coordonné. La justice est rendue en première instance par les tribunaux de bailliage (*amstgerichte*) composés d'un seul juge, par ceux de district (*landgerichte*) et de commerce (*handelsgerichte*) composés de plusieurs membres

Les appels sont jugés par les tribunaux supérieurs (*oberlandesgerichte*). Voilà pour la justice civile. La justice criminelle est réservée aux tribunaux d'échevins (*schoffengerichte*). Le tribunal d'Empire (*Reichsgericht*) forme une cour suprême chargée de maintenir l'unité et l'harmonie dans l'application des lois. Les membres de ce tribunal doivent avoir trente cinq ans révolus. Ils jouissent de l'inamovibilité; des infractions très graves, des condamnations déshonorantes ou une incarcération de plus d'une année sont nécessaires pour leur en ôter le bénéfice, et, dans ces hypothèses, le magistrat indigne ne peut être révoqué que sur les conclusions du procureur général et après explications entendues par le tribunal réuni en séance plénière. En Allemagne l'inamovibilité n'est pas restreinte par une limite d'âge, seulement si le magistrat, devenu par suite d'infirmités physiques ou d'affaiblissement intellectuel incapable de remplir ses fonctions, ne se retire pas de son propre mouvement, le président le met en demeure de se demettre; ce n'est qu'en cas de refus que la mise à la retraite d'office est prononcée en séance plénière, sur les conclusions du procureur général. La loi de 1877 accorde sans distinction aux membres de toutes les juridictions le bénéfice de l'inamovibilité. Les juges de bailliage de distrtct, et de commerce sont donc comme ceux des cours supérieures inamovibles. Les magistrats allemands prêtent le double serment professionnel et politique.

ÉTATS-UNIS. — La République américaine des

États-Unis possède deux gouvernements en quelque sorte superposés : un gouvernement central comprenant le Congrès (Sénat et Chambre des députés), et le Président qui seuls représentent les États-Unis au dehors; un gouvernement spécial à chacun des états dont l'ensemble forme la République. Il y a aussi deux justices. L'une, chargée de faire respecter la Constitution, d'appliquer les lois du Congrès et de juger les cas qui échappent à la compétence des tribunaux locaux : c'est là justice fédérale. L'autre, particulière à chaque état, et dont l'organisation varie d'un état à l'état voisin, mais sans jamais s'écarter beaucoup du type commun : c'est la justice locale.

Le territoire est divisé en circuits et subdivisé en districts comme en Angleterre, les juridictions sont d'ailleurs conçues d'après le même modèle. Il importe donc quand on parle des magistrats américains de distinguer la justice fédérale et la justice locale.

Les juges fédéraux sont nommés par le Président de la République avec approbation du Sénat; ils conservent leurs fonctions tant qu'ils se conduisent bien (*during good behaviour.*) Le droit de les révoquer n'appartient qu'au Sénat. Quant aux juges locaux, ils sont en général recrutés par la voie de l'élection; il n'y a que quelques états qui conservent la nomination à vie par le pouvoir exécutif. Le système électif admis aux États-Unis a donné lieu à de vives critiques. Parmi les jurisconsultes et les publicistes américains on n'aurait que la peine de citer les noms de ses ennemis. La presse entière lui est hostile et les auteurs sont à peu près unanimes pour le condamner.

Ce système a donné naissance à des abus qu'il est superflu de rappeler. Pour n'en prendre qu'un exemple, n'a-t-on pas vu des électeurs imposer aux magistrats le mandat impératif de ne pas appliquer les lois sur l'ivrognerie ? Si nous avons quelque chose à envier à l'Amérique ce n'est pas à coup sûr le mode de recrutement de ses juges. Ce n'est pas là, si quelque jour on procède en France à la réforme judiciaire, qu'il faudra aller chercher nos modèles.

ITALIE. — La Constitution italienne consacre l'inamovibilité de la magistrature. Toutefois l'art. 199 du règlement du 6 décembre 1865 y apportait une restriction importante : « pour les besoins du service, les magistrats peuvent être déplacés et transférés d'une cour ou d'un tribunal à une autre cour ou à un autre tribunal, avec même grade et même traitement. » L'inamovibilité ne mettait donc pas le magistrat à l'abri d'un déplacement arbitraire. Ce système a été modifié par un décret du 4 janvier 1880 qui institue une commission composée de quatre conseillers à la cour de cassation et d'un membre du parquet de cette cour, élus chaque année en séance solennelle. Cette commission est appelée à donner son avis sur les nominations et promotions des magistrats, et sur leur déplacement d'un siège à un autre sans modification de grade ni de traitement. Dans ce dernier cas, le magistrat déplacé doit être entendu en ses explications orales ou écrites, s'il le demande.

ESPAGNE. — L'inamovibilité existe également en

Espagne. La constitution du 30 juin 1876 art. 79, décide que les juges ne peuvent être décplacés, suspendus ou destitués que dans le cas et selon les
formes prévues par la loi. Mais il faut noter ici une
particularité. Un magistrat ne peut occuper le même
siège pendant plus de huit ans ; il doit, au bout de
ce temps être déplacé. Toutefois, cette règle reçoit
exception pour les magistrats de Madrid. Le juge
ne peut pas non plus continuer à exercer ses fonctions dans une circonscription judiciaire où il
contracte mariage ou achète, lui, sa femme ou
ses parents en ligne directe, des propriétés fon-
cières.

SUISSE. — Le système électif est admis en
Suisse. Les magistrats sont nommés pour un
temps qui varie suivant les cantons de trois à neuf
années, pendant lesquelles ils ne peuvent être
destitués que pour causes graves. En pratique,
d'ailleurs, les juges sortants sont presque toujours
réélus aux mêmes sièges. Aucune condition particulière de capacité n'est exigée.

Nous ne saurions sans sortir des limites que
nous nous sommes imposées, pousser plus loin
cette étude de législation comparée. Notons pour
terminer que l'inamovibilité existe en Russie
depuis 1864 à l'égard des membres de la cour
suprême de cassation, que la constitution belge
du 7 février 1831, art. 100, la consacre expressément; (1) que le Danemark, les Pays-Bas, l'Autriche, la Grèce et le Portugal ont également

(1) LAFERRIÈRE, *les constitutions d'Europe et d'Amérique.*

admis la perpétuité des fonctions judiciaires. En somme, et si l'on en excepte les pays où les juges sont nommés d'après le mode électif, auquel cas on ne peut pas parler d'inamovibilité au sens propre de ce mot, il faut constater que notre principe est à peu près universellement reconnu, et dans beaucoup d'états plus strictement même appliqué qui ne l'est en France.

CONCLUSION

Nous n'avons pas dessein de rechercher ici
quel est le meilleur mode de recrutement de la
magistrature, ni si l'ordre judiciaire doit être indépendant des autres pouvoirs de l'état; nous
avons laissé voir d'ailleurs notre opinion à ce
sujet; la développer serait sortir du cadre que
nous nous sommes tracé au début de cette étude,
et dans lequel nous voulons demeurer jusqu'au
bout.

Le système actuel, la nomination des juges par
le pouvoir exécutif, étant admis, nous devons
maintenant nous demander ce que vaut pratique-
ment la règle de l'inamovibilité de la magistrature.
Nous avons examiné assez longuement cette
question au point de vue théorique, et abstraction
faite des circonstances qui peuvent venir modifier
les effets du principe. A cet égard, nous avons

essayé de montrer qu'elle est une condition indispensable d'indépendance pour le juge et partant une garantie pour le justiciable. En théorie la question ne nous paraît pas discutable. Aussi, n'hésitons-nous pas à nous déclarer en faveur du maintient de l'inamovibilité pour les magistrats qui en jouissent et même de son extension à ceux auxquels elles ne s'applique pas. Mais, nous allons voir qu'au point de vue pratique, il y a dans notre organisation judiciaire des obstacles qui viennent entraver, paralyser les bons effets que notre principe est destiné à produire.

« L'un des vices principaux de notre organisation judiciaire, dit Bonjean, se trouve précisément dans le grand nombre de magistrats qu'elle suppose. Dans un pays où les relations sociales sont si compliquées, et où la législation a subi tant de variations, l'art du jurisconsulte est certainement l'un des plus difficiles; il exige, à un très haut degré, érudition, jugement sain et droit, sagacité, connaissance des hommes et des affaires.... Pourquoi trouverait-on plusieurs milliers de bons jurisconsultes, plutôt que plusieurs milliers de bons mathématiciens, d'orateurs éloquents, de peintres et de statuaires habiles ? En toutes choses les hommes forts sont rares : multiplier le nombre des juges, c'est évidemment assurer la majorité aux moins capables. » (1)

Telle est, en effet, notre opinion. L'Angleterre, nous l'avons vu, a adopté un autre système qui est peut-être une exagération en sens inverse. Le

_____

(1) Bonjean, *traité des actions* t. Ier.

nombre des magistrats a été autant que possible réduit, et leurs appointements élevés à un chiffre qui permet de recruter le corps judiciaire parmi les jurisconsultes les plus éminents. L'indépendance et la science des juges sont ainsi assurées, mais, par contre, la distribution de la justice peut avoir parfois à souffrir de leur petit nombre.

En France, et sans parler de l'Algérie et des colonies, la magistrature assise ne compte pas moins de 2,128 membres.

Dont : 49 membres de la cour de cassation ;
541 membres des cours d'appel;
1.538 membres des tribunaux de première instance.

Un aussi grand nombre de magistrats a nécescessité leur division en catégories. Les juges des tribunaux sont divisés en trois classes, ceux de la 3me touchent 3,000 fr. par an, c'est-à-dire que leur situation est des plus modeste.

Les classes et la hiérarchie, voilà sans contredit le vice le plus grave de ce système qui aboutit tout simplement à paralyser, à détruire les effets de l'inamovibilité, et à enlever en fait, au juge, le bénéfice de cette garantie. Dès lors que le gouvernement est maître absolu de l'avancement, l'inamovibilité devient un leurre, une pure illusion, car le juge qui n'a pas sû mériter les faveurs du pouvoir se verra condamné à languir aux derniers échelons de la hiérarchie dans une situation pécuniaire voisine de la misère, jusqu'au jour, où, lassé il démissionnera. A quoi lui sert-il donc d'être inamovible? En effet, si le gouvernement n'a pas le droit de punir arbitrairement, il a le moyen de récompenser qui n'est pas moins efficace. Les juges savent bien que s'ils sont en principe indépendants du pouvoir qui les nomme grâce à l'inamovibilité, en fait, ils dépendent de lui à peu près comme les autres fonctionnaires, puisqu'il est maître de leur sort par l'avancement. Le désir de l'avancement tel est l'écueil inévitable d'un pareil système.

Tant que les classes ne seront pas abolies, confondues en une seule, tant que la hiérarchie se traduira par des différences d'émoluments, tant qu'on n'élèvera pas les traitements en les égalisant dans la mesure du possible, on en sera réduit à ne compter guère que sur la seule vertu du juge pour assurer son indépendance, et les bons effets qu'on serait en droit d'attendre de l'inamovibilité, demeureront paralysés, annihilés.

Une réforme sur ce point paraît nécessaire. La réduction du nombre des tribunaux et l'égalisation des traitements ont été à plusieurs reprises proposées, mais le plus souvent comme disposition isolée et comme simple mesure budgétaire en vue de réaliser quelques économies par la suppression de sièges inutiles. A l'heure actuelle, un projet tendant à la réorganisation des tribunaux d'arrondissement et à la réduction du personnel dans plusieurs cours d'appel est déposé sur le bureau des Chambres. La disposition capitale du projet consiste dans le rattachement de quelques tribunaux peu importants à des tribunaux voisins dont le personnel assurerait le service sans suppression d'aucune circonscription judiciaire. Ce ne sont pas là des mesures assez générales, assez absolues.

Elles ne feront pas disparaître le vice d'organisation que nous avons signalé, vice qui a sa source
dans le système des classes, de la hiérarchie et de
l'inégalité du rang des magistrats, et qui ne dispa-
raîtra qu'avec lui.

Vu

Le Président de la Thèse

LÉON DUGUIT

Vu

Pour le Doyen : *l'Assesseur,*

SAIGNAT.

Vu et permis d'imprimer :

Le Recteur,

A. COUAT.

TABLE DES CHAPITRES

www.ingramcontent.com/pod-product-compliance
Lightning Source LLC
Chambersburg PA
CBHW072314210326
41519CB00057B/5068